Biblioteca de Derecho Privado

Enrico del Prato
(Director)

Carlos Antonio Agurto Gonzáles
Sonia Lidia Quequejana Mamani
Benigno Choque Cuenca
Luis Alejandro Luján Sandoval
Edmundo Trujillo Blas
(Coordinadores Generales)

ARWED KOCH
Profesor de la Universidad de Jena
(Alemania)

El Crédito en el Derecho

Edición al cuidado de
Carlos Antonio Agurto Gonzáles
Sonia Lidia Quequejana Mamani
Benigno Choque Cuenca

Ediciones Olejnik

Título: El crédito en el Derecho.

Traducción de José María Navas

Primera Edición en Ediciones Olejnik: 2019.

Ediciones Olejnik
Huérfanos 611, Santiago-Chile
E-mail: contacto@edicionesolejnik.com
Web site: http://www.edicionesolejnik.com

ISBN: 978-956-392-493-0

Diseño de carátula: Ena Zuñiga

Diagramación: Hayden Méndez, yiset_mendez@hotmail.com

Impreso en Argentina 2019 Printed in Argentina

ÍNDICE

Prólogo

El deseo de contribuir a dar comprensión a la ciencia bancaria, y el hecho de que falte en la literatura jurídica un tratado sistemático acerca del crédito, me han movido a emprender el presente trabajo.

Entiendo por ciencia bancaria tanto el dominio de la práctica bancaria como de las disposiciones legales que entran en consideración para el negocio bancario. Misión de la ciencia bancaria es asentar la práctica bancaria sobre base jurídica, contribuir especialmente a la interpretación de las normas existentes y a la creación analógica de otras que estén al servicio de los intereses económicos de la práctica bancaria, colaborando, además, en la sustitución de preceptos legales anticuados que se oponen al desenvolvimiento práctico. Nunca, sin embargo, puede equipararse la ciencia bancaria con la teoría del tráfico bancario, a la que desde luego comprende; pero la teoría no forma sino una parte de la ciencia bancaria íntimamente unida a la práctica. Así como en la medicina son inseparables la teoría y la práctica, no habiendo posibilidad de construir la ciencia enteramente sobre la teoría y considerar la práctica solo como un mal necesario; así como un médico no está en situación de aprender su especialidad solo en virtud del estudio y sin recurrir diariamente a la práctica clínica, del mismo modo es imposible llevar a cabo una escisión de teoría y práctica en la ciencia bancaria. Así, sería erróneo afirmar que para un trabajo científico habría de exigirse una limitación pura a la teoría, sobrando la práctica. Justamente, es cierto lo contrario. Solo puede concebirse un trabajo de ciencia bancaria combinando teoría y práctica. Lógicamente, no podrá hablarse de una enseñanza de la ciencia bancaria sino cuando en la persona del profesor se unan la práctica y la teoría, ya que las formas en que se efectúan los negocios bancarios y su consideración legal varía tan frecuentemente, y a veces con tanta rapidez, que tan solo pueden ser certeramente enjuiciados por quienes viven el tráfico de los negocios.

Por ello, en mi trabajo sobre El Crédito en el Derecho he unido siempre la práctica a las exposiciones teóricas, de tal modo, que he indicado siempre especialmente cómo se manifiestan en la práctica bancaria las diferentes disposiciones legales y las variaciones a que dentro de esa misma práctica están sometidas.

Arwed Koch

Abreviaturas más frecuentes utilizadas por el autor

B. G. B. =	Código civil alemán.
Börs. Ges. =	Ley de Bolsa.
H. G. B. =	Código de Comercio alemán.
K. O. =	Ordenanza de quiebras.
O. L. G. =	Tribunal Supremo Territorial.
R. G. =	Tribunal Supremo del Reich.
R. O. H. G. =	Tribunal Supremo de Comercio.
StG. B. =	Código penal alemán.
Z. P. O. =	Ordenanza procesal civil.

Primera parte

Preceptos legales en general

1. Concepto del crédito

No es misión de este trabajo exponer la esencia y la finalidad del crédito en su aspecto económico e investigar, por vía de ejemplo, si el crédito crea un capital adicional o si el aumento de dinero producido por el crédito posee efectos inflacionistas que deben conducir a crisis económicas[1], especialmente cuando, según mi opinión, las crisis económicas no pueden evitarse ni con disquisiciones jurídicas ni teórico-económicas, que, además, se hacen regularmente *post festum,* y tampoco aunque así no fuese; de lo contrario, estaríamos a salvo durante siglos de toda clase de perturbaciones económicas, y en particular de las monetarias, ya que en estos últimos años se ha escrito sobre esta materia increíblemente tanto, y mucho de ello increíble. Solo nos proponemos exponer la regulación jurídica que han recibido el crédito y los actos relacionados con él, y en qué medida han experimentado estas disposiciones legales una reelaboración posterior, ampliatoria o restrictiva, en la zona más importante y amplia del crédito: la del tráfico bancario.

Ante todo, debemos determinar el concepto de crédito, y para esto puedo referirme a mis anteriores trabajos sobre el crédito bancario sobre mercancías[2], y especialmente remitirme a sus referencias bibliográficas. La ley no da definición alguna del crédito, y, al contrario, se evita esta palabra en lo posible y se la sustituye por «prestaciones de capital, así como deudas», en el § 143 de la *RAO.,* o por «préstamos o prestaciones», en el § 6 del cap. V de la *StG.* La literatura económica no está unificada en cuanto al concepto de crédito, y sus definiciones no pueden satisfacernos[3], menos aún cuando tales conceptos económicos, trasladados al campo del Derecho, resultan a menudo jurídicamente defectuosos[4]. La jurisprudencia y la doctrina ven en el crédito la confianza en la voluntad de cumplir una promesa hecha, o bien la creencia en la capacidad

---

1 Hahn: *Volkswirtschaftliche Theorie des Bankkredites,* 1920; Weber: *Depositenbanken und Spekulationsbanken,* 1922; Schultze-Gasvernitz: *Die Deutsche Kreditbank,* 1922; Hahn, en el *Handwörterbuch der Staaswissenscahften,* 1924, entrega 23, asi como *Geld und Kredit,* 1924.

2 Koch: *Der Warenkredit der Banken,* segunda edición, Jena, 1922, págs. 1 a 5.

3 Weber, ob. cit., pág. 160. El crédito es, análogamente al dinero, un medio auxiliar en el mercado para hacer posible de un modo adecuado la cooperación de todas las fuerzas que participan en la Economía.

4 Vid. pág. 57, nota 71.

de pago del deudor. Pero esas dos características, «confianza y creencia», no abarcan de ningún modo, en la práctica, el concepto de crédito; pueden ser, desde luego, supuestos para la concesión de un crédito, mas no se identifican con él. Expuse ya en otro lugar cómo en ciertas circunstancias pueden faltar completamente la confianza y la creencia en la solvencia del deudor, y, por el contrario, estar absolutamente convencido el acreditante de la insolvencia del acreditado, y, no obstante, efectuarse entre ellos una operación de crédito; por ejemplo, porque la fianza dada sea satisfactoria, o porque el Banco quiera procurarse influencia en la empresa del acreditado: y, por otra parte, al proponente no le bastará la mera confianza, si no ha obtenido un crédito en efectivo. Si atendemos a la práctica bancaria, encontraremos que en ella se distingue entre contrato de crédito y concesión de crédito. El contrato de crédito precede a la concesión del crédito, fija las condiciones bajo las cuales se verificará la concesión de crédito (cuantía, vencimiento, garantías, intereses) y es completamente independiente de esta. La concesión de crédito se basa en el contrato de crédito, y se ofrece en la práctica, especialmente en la bancaria, en la que siempre se trata de créditos en dinero, como una entrega de capital a título de préstamo[5].

Por este motivo, *entiendo por crédito, como ya he dicho en otro lugar*[6], *la disposición, desde el punto de vista del acreditante, y la posibilidad, desde el punto de vista del acreditado, de efectuar un contrato de crédito, esto es, un contrato cuya finalidad es la producción de una operación de crédito; mientras que por operación de crédito debe entenderse, por parte del acreditante, la cesión en propiedad, regularmente retribuida, de capital* (*concesión de crédito*), *y por parte del deudor, la aceptación de aquel capital con la obligación de abonar intereses y devolverlo en la forma pactada.*

El capital en préstamo nos lleva, en términos jurídicos, al préstamo y a las disposiciones legales que se refieren al crédito. Como se indicó anteriormente, habla de préstamo el cap. V de la *StG.*, en el caso en que, sin duda, se trate de un crédito concedido a la sociedad por un socio con determinadas condiciones. La legislación designa repetidamente como establecimiento de crédito aquellas empresas que sirven para el suministro o el préstamo de dinero[7]. Tenemos, pues, aquí de nuevo el concepto de préstamo de dinero. Así como no da la ley la definición de crédito, tampoco da la de préstamo; pero, según el § 607 del *BGB.*, debe entenderse como préstamo la entrega de dinero u otras cosas fungibles, con la obligación del prestatario de devolver lo recibido en cosas de la misma especie, calidad y cantidad.

---

5 Si en la literatura está parcialmente representada la opinión de que la entrega de un capital a préstamo representa solo el cumplimiento del deber de prestación previa del acreditante, está esto en contradicción con la práctica bancaria, y debe rechazarse, por este motivo; así también PLANCK, 4.ª edic., vol. II, pág. 924.

6 *Der Warenkredit der Banken*, pág. 2; a la misma bipartición llega el Tribunal del Reich en su sentencia de 5-4-1924, en *RG.*, 108, 149; vid. pág. 44, nota 49.

7 *RSt.*, Novelle 26, 7, 1918, § 76. *Kap. Ertr. StG.* 29, 3, 1920, § 3.°, número 3.

El préstamo coincide, por consiguiente, en su resultado práctico, con el crédito, e igualmente se reconoce por la doctrina y por la jurisprudencia que los preceptos legales sobre el préstamo tienen aplicación a las operaciones de crédito, en tanto que no se opongan a ello los convenios especiales de las partes. Esto último ocurre habitualmente en materia de intereses, ya que el Código civil alemán regula también el préstamo sin interés, mientras que este no existe en la práctica bancaria.

A estas normas quedan sometidas todas las operaciones de crédito, con independencia de la clase del mismo; por tanto, independientemente de que se trate de un crédito en cuenta corriente o al contado, de un crédito en descubierto o con garantía, ya se conceda a un nacional o a un extranjero, siempre que la operación de crédito se efectúe en el país y en él tenga su domicilio el dador del crédito[8].

Aunque de ninguna manera entraremos en disquisiciones económico-públicas o privadas, sí debemos fijar que la finalidad del crédito por parte del acreditante consiste en la colocación lucrativa de capitales disponibles, en lo que se pone de relieve la industria propia de los Bancos[9], y, del lado del acreditado, en reforzar sus propios medios con los ajenos. El crédito llega a ser propiedad del acreditado por la transmisión de dominio; pero no capital propio, sino que permanece siempre como capital prestado (capital ajeno), y, por consiguiente, aparece en el balance de aquél en el pasivo, pero no en la cuenta de capital, sino en la de acreedores, y en el balance del acreditante, en el activo, en la sección de deudores, al que se opone como contrapartida en el pasivo el capital propio + acreedores. El importe del crédito queda siempre como deuda, desde el punto de vista del acreditado, y como derecho de crédito, desde el del acreditante.

Debemos dar ahora una ojeada general sobre las clases de créditos, ya que nos remitiremos, en el transcurso de nuestro trabajo, repetidamente a ellos. Se distingue en la teoría y en la práctica entre:

1) Créditos a corto y a largo plazo, en atención al tiempo por el que son concedidos.

2) Créditos en cuenta corriente y fijos, o al contado o en firme, según el modo de resolución y de disposición, lo que es de especial interés para el abono de intereses. El crédito en cuenta corriente es un crédito limitado únicamente en su cuantía máxima, de la que dispone el deudor en cuenta corriente, y, por lo mismo, sometido a variaciones constantes, en las que regularmente solo se abonan intereses en la medida en que se ha utilizado por el acreditado, variando el tipo de interés, según cambia la situación del mercado monetario; este crédito es rescindible en todo momento, de acuerdo con las cláusulas contractuales del Banco, a falta de otras convenciones sobre el particular. El crédito en firme supone un crédito que no puede ser rescindido sino transcurrido un plazo previamente fijado, cumplido el cual debe hacerse la devolu-

8 Las condiciones contractuales de los Bancos contienen, por regla general, disposiciones más detalladas sobre la competencia judicial.

9 Sobre el concepto de industria véanse mis estudios en el *Bank Archiv,* XVII, 227, y sobre el de comercialidad, *RFH.,* 27 del 4 de 1921, en *B. A.,* XXI, 407.

ción con los intereses, de acuerdo igualmente con el tipo de interés fijado de antemano, y nunca se contabilizará en la cuenta corriente del acreditado, sino en una cuenta especial, como cuenta de dinero en efectivo.

3) Créditos personales y créditos reales, en atención a las garantías que forman la base del crédito. El crédito personal puede ser, a su vez, descubierto o en blanco, en el que solo responde el acreditado, o crédito con fianza, en el que al lado del deudor entran terceros, que responden con su patrimonio de la obligación; por ejemplo, en el crédito cambiario y en el auténtico crédito mediante fianza. El crédito real, a su vez, se divide en crédito inmobiliario, en el que la garantía está constituida por inmuebles o derechos sobre inmuebles, y en crédito mobiliario, dado a base de la pignoración o transmisión en garantía de cosas, particularmente de efectos y mercancías: las mercancías, de un modo efectivo o mediante títulos de tradición, pueden ser puestas a disposición del acreditante o en su propiedad[10]. Los créditos garantizados mediante la cesión o pignoración de derechos de crédito y otros derechos entran también en los créditos mobiliarios.

Naturalmente, no se puede decidir de un modo general si debe concederse en la práctica preferencia al crédito personal o al crédito real. Únicamente se puede decir que la concesión de créditos personales prejuzga más favorablemente la situación patrimonial del deudor que el crédito real, y que no deben concederse créditos personales si la personalidad, así como la situación patrimonial del acreditado, no está libre de toda duda; de donde se deduce que los créditos personales deberían ser siempre créditos de primera clase, lo que en la práctica no ocurre de un modo efectivo. Sabido es que los Bancos procuran cubrirse, si es posible, mediante garantías contra todos los eventos que la vida económica implica, aun tratándose de clientes cuya situación económica justifica sobradamente el crédito, y se da preferencia al depósito de efectos como garantía del crédito, en atención a que son fácilmente realizables en cualquier momento. En los balances de los Bancos, especialmente de los grandes Bancos, se mencionan separadamente los créditos con garantía real de los créditos en descubierto, y, además, entre los créditos con garantía real se distingue entre:

a) Reporte y préstamo contra títulos valores.

b) Anticipos sobre mercancías y documentos de embarque.

c) Deudores con garantía en cuenta corriente (eventualmente pueden incluirse aquí los créditos con simple fianza).

Los créditos a plazo y a la vista, que se ofrecen especialmente en las plazas bursátiles en grandes cantidades, generalmente contra una cobertura doble[11] en efectos, lo referimos al apartado de reporte y préstamo sobre títulos valores.

---

10 Vid. mis estudios sobre la situación jurídica de los Bancos en la concesión de crédito contra entrega de títulos de disposición (§ 363, 2 *HGB.*) en *B. A.*, XX, 249.

11 Así, la Administración marítima (Seehandlung) concedía últimamente dinero a la vista o a término, solo con una cobertura triple en efectos, en tanto que concedió millones a un *Konzern* con garantías que después se revelaron como sin valor a casi sin él. Es

La relación de los créditos con garantía y los en descubierto estaba, en el año 1913, en la proporción de 1: 5, 5; en 1918, en la de 1: 5, y en 1924, en la de 1: 1,5.

4) Créditos productivos y créditos improductivos (de consumo), según que las sumas obtenidas por vía de crédito sirvan en la empresa del acreditado para trabajar o solo para ser consumidas, sin que por ellas se creen nuevos valores. Solo muy excepcionalmente proporcionan los Bancos créditos improductivos, en parte por motivos económico-públicos, en cuanto los Bancos tienen conciencia de su situación responsable en la vida económica, y, por tanto, solo consienten aquellos créditos cuando son beneficiosos y se emplean en interés de la comunidad, en parte también por motivos puramente egoístas, en el convencimiento de que solo producirán intereses y serán devueltos aquellos créditos con los que se ha trabajado, utilizándolos y creando nuevos valores lucrativos. Es notorio que también en esto se aparta fácil y alegremente la práctica de la teoría, de tal modo que créditos productivos se truecan en improductivos, caso este extraordinariamente frecuente en créditos que han sido invertidos en la adquisición de máquinas absolutamente precisas para la producción, o en la instalación de nuevas edificaciones, y que por un cambio inesperado en la coyuntura devienen fijos e irrealizables.

¿Qué cantidades han sido prestadas por los Bancos con fines productivos e improductivos? Es cuestión que no puede contestarse a la vista de sus balances. Puede decirse, sin embargo, que los anticipos sobre mercancías y documentos de embarque deben reputarse siempre como créditos productivos, mientras que los créditos sobre depósito de efectos suponen a menudo cantidades considerables que solo han sido empleadas en operaciones de Bolsa, y que no son productivas, en el sentido de que no fueron puestas a disposición del comercio, de la industria o del trabajo para la producción o la adquisición de nuevos valores; a lo sumo, solo podrían ser designadas como productivas en un sentido económico-privado.

Podría distinguirse, además, entre créditos concedidos por uno solo o por varios en comunidad, los llamados créditos colectivos, así como aquéllos dados a un deudor o a varios en colectividad. Los créditos colectivos han adquirido en el tráfico bancario, como créditos consorciales o metacréditos, una posición importante, mientras que ahora, precisamente en las negociaciones sobre créditos internacionales, los créditos solidarios empiezan a tener un papel importante, al procurar por parte de los acreedores extranjeros, que no figure como deudor una empresa industrial o comercial, sino que el crédito se conceda con la responsabilidad solidaria de todas las empresas particulares

---

sorprendente que la Administración marítima, que está dirigida, no por comerciantes, sino por funcionarios de antigua escuela, parezca haber llegado a perder en la época de la inflación toda inteligencia para las operaciones de crédito sanas y que hayan caído en olvido las viejas reglas según las que grandes capitales solo pueden adquirirse por el trabajo y el ahorro, y que, por lo tanto, forman mejor base para el crédito los capitales antiguos pequeños que los nuevos grandes. Si se ojea el desenvolvimiento de los últimos ocho años (1918-25), se llega a la conclusión de que están en relación inversa la rapidez con que se adquieren los capitales con las garantías que ofrecen para la obtención de un crédito.

de un mismo sector de la producción, estando estas unidas permanentemente, sea en Sindicatos o *Carteles,* o bien en asociaciones análogas.

2. CAPACIDAD CREDITICIA

La capacidad crediticia, esto es, la capacidad para efectuar contratos de crédito jurídicamente obligatorios, coincide con la capacidad de obrar del *BGB*. No tienen capacidad crediticia, por este motivo, los menores de siete años, los perturbados mentales y los incapacitados por causa de enfermedad mental, así como también aquellos que se hubiesen encontrado en el momento de la realización de la operación de crédito en un estado de inconsciencia o de perturbación mental transitorias[12]. Prácticamente tienen importancia solamente los casos de contratación con un enfermo mental no reconocible[13]. Estos contratos y operaciones de crédito, efectuados con un incapaz, son nulos. El acreditante, una vez que ha concedido un préstamo a un incapaz crediticiamente, no puede, por consiguiente, accionar para la devolución de lo pagado, sino que con sus acciones solo tiene derecho para reclamar contra el acreditado, en virtud del § 812, *BGB.*, por enriquecimiento injusto; es decir, que por su derecho de crédito no obtendrá restitución alguna, si el importe del crédito ha sido consumido por completo por el acreditado[14]. Por otra parte, el préstamo concedido a un incapaz crediticiamente, en virtud de una operación de crédito nula, puede ser reclamado, sin limitación de tiempo.

No es mucho mejor la situación en los contratos de crédito que han sido celebrados con sujetos con capacidad de obrar limitada, es decir, con menores de edad mayores de siete años[15], o los incapacitados por causa de su debilidad mental, prodigalidad o embriaguez habitual, o colocados, según el § 1.906 del *BGB.*, bajo tutela provisional[16], puesto que una operación de crédito, aunque en sus efectos solamente proporcione beneficios al acreditado, no puede decirse que no sea en cierto modo onerosa, ya que este debe abonar los intereses, devolver la cantidad y, posiblemente, garantizarla; por ello, la persona con capacidad de obrar limitada necesita el consentimiento de su representante legal[17]. El capaz de obrar limitadamente es un capaz restringido crediticiamente; sin embargo, no es suficiente el consentimiento del representante legal, en

---

12 §§ 104, 105, *BGB.*

13 Para la capacidad crediticia activa y pasiva tienen aplicación los §§ 104 y siguientes del *BGB.*; sin embargo, las operaciones de crédito en las que la incapacidad crediticia existe por parte del dador del mismo (incapacidad crediticia activa), son poco frecuentes y, por este motivo, de escasa importancia.

14 *RG.*, 94, 25. Si el importe del préstamo no hubiese sido dado todavía, solamente será nulo el contrato de crédito, con lo que se produce un daño efectivo, al acreditante. Sobre el cómputo de la cuantía del enriquecimiento vid. *Centralverbandskommentar zum Börsengesetz*, página 345, nota 71.

15 La concesión de un crédito a un menor de edad puede constituir una acción punible, especialmente si se ha hecho con la intención de tener una garantía aprovechándose de la imprudencia o de la inexperiencia del menor. §§ 301, 302, *StGB.*

16 §§ 106, 114, *BGB.*

17 §§ 107, 108, *BGB.*

las operaciones de crédito, sino que se precisa la cooperación del consentimiento del Tribunal tutelar[18] para todas las operaciones de crédito, incluso el crédito cambiario. Hasta obtener el consentimiento existe, con referencia a los efectos de esta operación, una doble condición suspensiva: una, por parte del representante legal; otra, por parte del Tribunal tutelar[19]. Mientras subsiste la condición suspensiva, tiene el acreditante derecho a salir[20] del contrato, siempre que hubiese desconocido la minoridad o la falta del consentimiento del Tribunal tutelar. Esta retirada, naturalmente, solo le será útil cuando todavía no hubiese entregado el importe del préstamo. Si el consentimiento es denegado, la operación de crédito es ineficaz. Esta ineficacia tiene, en la práctica, la misma significación que la nulidad; es decir, que el importe del préstamo concedido antes de la obtención del consentimiento solo puede ser reclamado en virtud de la acción de enriquecimiento injusto[21].

Si durante este período de suspensión llegase a ser el capaz limitado plenamente capaz crediticiamente, él mismo podría otorgar el consentimiento. Si hubiere pagado el crédito con medios propios o utilizando los que le fueran proporcionados con este fin, se reputará como plenamente válido, desde el principio, el contrato celebrado sin consentimiento; es decir, que no podrá repetirse lo pagado ni impugnar como ineficaz el contrato de crédito[22].

El mismo doble consentimiento del representante legal y del Tribunal tutelar necesita el capaz restringidamente, para aquellos créditos que efectúe en o para un comercio, para cuyo ejercicio obtuvo el consentimiento del representante legal y el del Tribunal tutelar[23]. Es decir, que el consentimiento para el ejercicio del comercio no autoriza, simultáneamente, para la asunción de créditos.

La mujer casada, mayor de edad, tiene plena capacidad de obrar y, por consiguiente, plena capacidad crediticia. Su marido no es su representante legal, y no se necesita su consentimiento para la conclusión de una operación de crédito con su mujer. Pero si esta ha celebrado una operación de crédito sin el consentimiento del marido[24], solo responde con sus bienes reservados de entre los que constituyen la comunidad legal de administración; pero no sus bienes aportados, a no ser que se hayan beneficiado mediante el negocio jurídico[25]. Por consiguiente, el acreditante que quiera estar debidamente asegurado en negocios jurídicos celebrados con una mujer casada deberá exigir,

---

18 §§ 1.627, 1.686, 1.643, 1.822, núms. 8, 9 *BGB.*

19 §§ 1.643, párr. 3; 1.829, *BGB.*

20 §§ 109, 1.830, *BGB.*

21 Según el § 134, *KO.*, el administrador de la quiebra debe obtener el consentimiento de la Junta de acreedores, o de la Comisión, para la obtención de un préstamo; pero si no lo hubiese obtenido, no se alterará la validez de la operación de crédito frente a terceros, por lo tanto, frente al otorgante del crédito (§ 136, *KO.*) El administrador de la quiebra resulta obligado a resarcir daños a los acreedores.

22 §§ 108, párr. 3; 110, *BGB.*

23 §§ 112, 1.643, 1.822, *BGB.*

24 El § 1.404, *BGB.*, no protege la buena fe del otorgante del crédito, pero sí el § 1.401, *BGB.*

25 §§ 1.412, 1.399, *BGB.*

con ese fin, el consentimiento marital[26]. Igualmente sucede cuando se haya pactado la comunidad de, bienes, pues también aquí los bienes comunes solo responden por aquellas obligaciones derivadas de negocios jurídicos que se hayan celebrado por la mujer con el consentimiento del marido, a no ser que los bienes comunes se hayan enriquecido a consecuencia de dicho negocio jurídico[27]. Cuando hay separación de bienes, responde de las obligaciones de la mujer todo su patrimonio, sin que haya sido preciso para la conclusión del correspondiente negocio jurídico el consentimiento marital[28].

Si tomamos en consideración a la mujer casada, mayor de edad, en su calidad de mujer comerciante, valdrán análogos principios. Esta es absolutamente capaz; tiene, por consiguiente, el derecho de ejercer una industria mercantil y adquirir la calidad de comerciante, en el sentido del *HGB.*, y esto aun contra la voluntad del marido[29]. Por el préstamo contraído en el ejercicio y en el marco de su empresa mercantil responde todo el patrimonio comercial de la mujer. Este se compone, no desde el punto de vista contable, sino desde el punto de vista de la responsabilidad, solo de los bienes reservados, si el marido no ha dado su autorización para el ejercicio del comercio, sea presunta, sea *expresis verbis;* pero si la ha concedido, comprende los bienes reservados y los aportados a la comunidad legal de administración, en la que el establecimiento mercantil[30] y el patrimonio a él afectado, pertenecientes a la mujer, se reputan por el matrimonio bienes aportados (§ 1.367, *BGB.*)[31]. En

26 Esto se manifiesta en tanto que corresponde al fiador de una fianza no solidaria dada en beneficio de una mujer casada la excepción de excusión contra los bienes reservados de aquélla, con lo que se producen dificultades extraordinarias, si el marido no ha dado su consentimiento para la operación de crédito en cuestión. Además, la mujer no puede depositar como garantía del crédito obtenido por ella sin el consentimiento de su marido los objetos que pertenecen a los bienes reservados (*JW.*, 1914, pág. 149).

27 §§ 1.460, 1.455, *BGB.*

28 §§ 1.436, 1.435, *BGB.*: inscripción en el Registro de la Propiedad.

29 El marido puede prohibir el ejercicio del comercio y hacer esa prohibición por vía judicial, sin poder obtener un juicio ejecutivo sobre ello (§ 888, *ZPO.*). Frente a terceros, solo produce efecto la prohibición marital si se ha inscrito en el Registro de la Propiedad (§ 1.405, párr. 3).

30 §§ 1.405, 1.412, *BGB.*

31 Según la opinión dominante, el patrimonio de explotación de un comercio ejercitado por una mujer al tiempo de contraer matrimonio pertenece a los bienes aportados, y no a los bienes reservados, quedando, por lo tanto, fuera de la libre disposición de la mujer; con esto se producirían, en la práctica, innumerables dificultades, especialmente en las relaciones de la mujer con el Banco, y aun diferencias entre los esposos; y no se comprende por qué razón la mujer, que ha tenido capacidad y aptitud para el ejercicio del comercio, quedará privada de la posibilidad de disponer independientemente sobre el patrimonio empleado en el comercio, por el solo hecho del matrimonio.

Por este motivo, ENDEMANN, *Familienrecht,* pág. 347; DÜRINCER-HACHEMBURG, *HGB,* intr. gen., nota 68; DERNBURG, 4, 100, incluyen el patrimonio empleado en el comercio entre los de uso especial de la mujer (§ 1.366, *BGB.*), es decir, entre los bienes reservados. Así también STAUB, *Intr. gen.,* nota 46; LEHMANN, pág. 91; PLANCK, § 1.367, nota 7; STAUDINGER, § 1.367, 3c., y la mayor parte de la doctrina, con cuyo motivo los Bancos se han visto siempre obligados a rescindir el crédito en cuenta corriente concedido a una mujer comerciante, en el caso de su matrimonio o de nuevas nupcias, en tanto que no se aportaba el consentimiento

la comunidad de bienes contractual responden solo los bienes reservados, si falta el consentimiento del marido, y los bienes comunes más los separados, si existiere el consentimiento[32]. La cuestión relativa a si la obtención de crédito se ha hecho en el marco de la explotación comercial o, como dice la ley, «en lo que implica el ejercicio del comercio», solo podrá resolverse casuísticamente. Teniendo la mujer que ejerce el comercio la calidad de comerciante en el sentido del *HGB.*, tendrán aplicación los §§ 343 y 344 del mismo.

El concepto de capacidad crediticia es independiente de la clase de crédito; tiene aplicación, por consiguiente, a todas las operaciones de crédito, incluso al crédito cambiario. Por ello dice expresamente la Ordenanza cambiaria, en su § 1, que es capaz cambiariamente quien tiene capacidad para obligarse por contrato, y de este modo se remite a las correspondientes disposiciones del *BGB*.

Si por parte de un incapaz crediticiamente o capaz limitado se hubiere cumplimentado una operación de crédito nula y, por tanto, devuelto el importe al acreditante, esta devolución podrá ser impugnada como cumplimiento de un contrato nulo, en virtud de los preceptos sobre enriquecimiento injusto,

---

marital suficiente para el ejercicio del comercio, puesto que es muy discutible si los bienes aportados de la mujer responden también por un contrato de crédito efectuado aun antes de la celebración del matrimonio (§ 1.412), en el que el importe del mismo haya sido concedido, devuelto por la deudora y obtenido nuevamente por ella después del matrimonio, como generalmente es el caso en el crédito en cuenta corriente. Lo ilógico de exigir el consentimiento marital para el ejercicio del comercio de la mujer casada para hacer responsable al patrimonio comercial de la mujer, como bien aportado, se deduce también de que esta, como tutora del marido, tiene derecho a darse el consentimiento, con exclusión del § 181, *BGB.*, conforme al § 1.409, *BGB.* Se podría llegar entonces al resultado de que una mujer comerciante que en sentido bancario era merecedora de crédito, pierde esta calidad por el matrimonio, pero la recobra por la incapacitación del marido. También la distinción de Enneccerus, *Familienrecht*, pág. 172, entre patrimonio de la empresa (empresa) y objetos que sirven a la empresa (patrimonio comercial) no tiene aplicación aquí, porque estos últimos deberán llegar a ser bienes reservados si el marido consiente el ejercicio del comercio, de un modo expreso o tácito; en los casos discutidos de la práctica no se da, generalmente, este consentimiento; y entonces, según Enneccerus, el patrimonio comercial deberá ser bienes aportados y no responder directamente por un préstamo. También la jurisprudencia del Tribunal del Reich declara el patrimonio de la empresa y el patrimonio de la mujer, que sirve a la misma como bienes reservados. *Rg.*, 87, 103, no concede, sin embargo, la revocación arbitraria del consentimiento, y, por lo tanto, el derecho del marido a entrar en posesión del patrimonio de explotación (*Rg.*, 84, 47), circunstancia que es, sin embargo, de escasa significación para el tráfico crediticio, ya que el patrimonio total de explotación, y, por lo tanto, también los bienes aportados, responden, aun después de la revocación del consentimiento, por un préstamo que ya hubiese sido obtenido al tiempo que el consentimiento marital para el ejercicio del comercio (§ 1.412, *BGB.*). Es, en mi opinión, necesario determinar en *lege ferenda* que el patrimonio de explotación pertenece a los bienes reservados, o que, pese a su inclusión entre los bienes aportados, responde por todas las obligaciones lógicamente incluso por todos los créditos que se hayan efectuado en el ejercicio del comercio, independientemente de que se hayan realizado antes del matrimonio de la mujer, e igualmente independientemente de que el consentimiento o la autorización del marido para el ejercicio del comercio exista o no.

32 §§ 1.452, 1.460, *BGB.*

y podrá repetirse lo devuelto[33], a no ser que se trate de un pago hecho por un menor de edad con sus propios medios, por ejemplo, con su pensión o su giro mensual, o con medios que le han sido suministrados por su representante legal o por un tercero con consentimiento de aquél[34] para satisfacer esta obligación de crédito. Si una mujer casada satisface un crédito que hubiese contraído sin el consentimiento del marido, y del que, por consiguiente, solo respondían sus bienes reservados, con medios que perteneciesen a sus bienes aportados, sin que ello hubiere sido consentido por el marido, será ineficaz dicho pago y podrá igualmente ser tratado según las reglas del enriquecimiento injusto[35].

Tanto la reglamentación legal de la responsabilidad del patrimonio de la mujer por préstamos hechos a la casada, como aquella relativa a la responsabilidad de los enfermos mentales, han producido repetidamente pérdidas sensibles a los Bancos, como otorgantes de crédito. En las operaciones con mujeres casadas pueden protegerse los Bancos, en cierto modo, recogiendo siempre el consentimiento del marido[36]; pero este procedimiento no es posible en el caso de enfermos mentales, puesto que una enfermedad mental que excluya la capacidad de obrar y la crediticia no es, a menudo, completamente cognoscible para el Banco, y, por tanto, los contratos efectuados con tales enfermos pueden ser nulos, con efecto retroactivo, en un espacio de tiempo considerable; es posible consignar una cláusula en las condiciones generales del Banco en la que el cliente se obligue a resarcir al Banco los daños que a este le resultaren por transacciones con aquél que fuesen nulas a causa de su enfermedad mental; pero, naturalmente, es presupuesto indispensable para esto que el cliente no fuese ya incapaz en el momento de la aceptación de un pacto semejante. La buena fe del Banco acerca de la capacidad crediticia de los enfermos mentales no recognoscibles no lo protege, y la operación es nula[37]. Se deducen de aquí consecuencias fijadas por diversas sentencian del Tribunal del Reich, especialmente las de 12 de noviembre de 1910 (*B. A.*, X, 172) y 6 de diciembre de 1920 (*B. A.*, XX, 269), en las que de la nulidad de los actos jurídicos se llega a conclusiones sobre el enriquecimiento injusto, de difícil sintonización con las concepciones predominantes en la práctica. La insuficiencia de las disposiciones legales sobre enriquecimiento injusto, en tales casos, se advierte fácilmente con el ejemplo más sencillo, en el que un Banco ha concedido un crédito con garantía de efectos a un enfermo mental no reconocido, y en virtud de la nulidad del acto debe devolver los efectos depositados, sin recibir el más pequeño pago, aunque la suma prestada haya sido consumida, gastada en viajes, perdida, jugada o utilizada de cualquiera otra manera, sin haber producido un enriquecimiento material del acreditado. Por este motivo ha sido una aspiración de los círculos bancarios, desde hace veinte años, la obtención de una protección legal para sus actos jurídicos con enfermos mentales no recognoscibles. La Unión Central de Bancos y

---

33 §§ 812 y ss., *BGB.*, en oposición con los §§ 762, 764, *BGB.* § 55, *Börs. Ges.*

34 § 110, *BGB.;* vid. pág. 30.

35 §§ 1.395, 1-398, *BGB.*

36 Vid. KOCH-SCHÜTZ: *Bankgeschäftliches Formularbuch,* págs. 36 y ss., formularios 29 y 30.

37 Vid. *RG.*, 12-11-1910, en *B. A...* X, 173.

Empresas bancarias alemanes formuló, en 18 de mayo de 1905, una petición al Ministro de Justicia del Reich en la que solicitaba que la acción concedida por el § 122 del *BGB.* fuese aplicable también a aquellos contratos efectuados con enfermos mentales no recognoscibles. Según ella, habría de devolverse al Banco, como acreditante, el interés negativo de las operaciones de crédito nulas efectuadas con incapaces crediticiamente, es decir, indemnizarle los daños que hubiese sufrido por haber confiado en la validez de la declaración del enfermo mental. Con motivo de la proposición anterior, esta cuestión fue objeto de una vivísima polémica en el *Bank Archiv*. Mientras que Leonhardt[38] —sin llegar a tomar una posición decidida sobre si los preceptos legales existentes, particularmente los del § 918, *BGB.*, concedían protección suficiente en la práctica— y Breit[39] se manifestaron por la extensión de los preceptos del § 829 del *BGB.* a los contratos con enfermos mentales no recognoscibles, Kuhlenbeck[40] sostuvo, en un trabajo finamente concebido, que no precisaba una nueva regulación legal, ya que los preceptos del § 122 debían tener aplicación a los contratos con enfermos mentales, habida cuenta la aplicación analógica de la finalidad y el sentido del *BGB.* Aunque Kuhlenbeck invocó para ello la Exposición de motivos del Código civil alemán[41] y a Windscheid[42], y, sin duda alguna, hubiese encontrado el más vivo eco en la práctica, no creo que nuestra jurisprudencia llegue a aplicar a los negocios jurídicos con incapaces de obrar solo por vía analógica, los principios jurídicos indicados en el § 122. Por el contrario, me adhiero en absoluto a las manifestaciones de Kuhlenbeck, en el sentido de que si hubiese que hacer una nueva regulación legal de la cuestión de los daños debería darse preferencia a las normas del § 122 del *BGB.* sobre las del § 829 del mismo Cuerpo legal, porque estas últimas se refieren a acciones ilícitas y tienen carácter subsidiario[43], y el Banco tendría, ante todo, la obligación de probar que los daños no debían ser indemnizados por un tercero, trabajo difícil y lento. Y, además, la cláusula de equidad del § 829, particularmente en la vida bancaria, puede llevarnos a resultados que signifiquen situaciones jurídicas confusas y que, por la interpolación de consideraciones económicas, podrían provocar una interpretación precisamente desfavorable para el Banco[44]. El § 122 tiene, por otra parte, la ventaja de que los daños por resarcir, especialmente en las relaciones con los Bancos, pueden fijarse en todo momento libremente y han de formar la base de lo que se ha de abonar, y por este medio se crea una garantía en el tráfico bancario, cuya falta, por ahora, hace peligrar gravemente la vida comercial ordenada. Mucho

---

38 En *Bank Archiv*, V, pág. 153.

39 En *Bank Archiv*, XI, pág. 146.

40 En *Bank Archiv*, V, pág. 285.

41 *Exp. de Motivos*, I, pág. 16.

42 *Pendekten.*, II, § 306, núm. 5.

43 § 829, *BGB.*: «en tanto que el resarcimiento del daño no puede ser exigido de un tercero no interesado».

44 Por otra parte, exige precisamente Breit la concurrencia del principio de equidad para la aplicación del § 829, en este caso de la contratación con enfermos mentales, porque él quiere ver una protección de los enfermos mentales en su existencia económica, partiendo de que en el comercio con los Bancos son aquéllos los más débiles económicamente.

menos es de temer un perjuicio para un incapaz crediticiamente por tal deber de indemnización. Como se deduce de la práctica, se trata corrientemente de operaciones de crédito y sobre valores que se han efectuado con motivo de depósitos cuantiosos, y que por la venta de una parte en los mismos podrían ser compensados. Por lo demás, las disposiciones del § 122 no solo se refieren a los actos jurídicos anulables, sino también a los nulos; la subsunción de los contratos con incapaces no caería, por lo tanto, fuera del marco del § 122, si esta se quisiera admitir, lo que, en mi opinión, es absolutamente necesario.

Pese a estas indicaciones y a los numerosos pleitos cuya solución ha mostrado que las disposiciones sobre enriquecimiento injusto no ofrecen una protección suficiente a los acreditantes en las operaciones bancarias con enfermos mentales no reconocibles como tales, no se ha dado una nueva ordenación legal. En consecuencia, los Bancos tienen que limitarse a consignar una condición en sus cláusulas contractuales del siguiente tenor aproximado[45]:

«El contratante responderá de los daños que pueda sufrir el Banco por la ignorancia no culpable de la ineficacia de la declaración de voluntad del cliente a causa de su enfermedad mental o la de las personas que actúen en su representación o mandato.»

Claro que si quien suscribe esta condición era ya un enfermo mental, y, por tanto, incapaz de obrar crediticia y comercialmente, en el momento de contraer esta obligación, no proporcionará al Banco acción alguna para el resarcimiento de daños; pero siempre será una defensa para el Banco en el caso de enfermedad mental posterior.

3. CONTRATO DE CRÉDITO

Sobre el contrato de crédito, llamado también contrato preparatorio de crédito, se constituye la operación de crédito.

El contenido y la finalidad del contrato de crédito están en relación recíproca. De la finalidad del contrato se deduce normalmente su contenido. Puesto que el contrato de crédito procura fijar las obligaciones y los derechos de los contratantes, en lo referente a la operación de crédito, el contenido debe tener como objeto estas facultades recíprocas. Contendrá regularmente, además de la intención fundamental del acreditante de conceder el crédito, lo que por la conclusión del contrato llega a ser su obligación, disposiciones sobre la naturaleza (por ejemplo, créditos en Reichsmark, Rentenmark, en divisas, etc., posiblemente relacionado con la cláusula de valor invariable)[46], aplicación (por ejemplo, crédito para negocios, construcciones, reembolsos, especulación sobre efectos), y la forma (cuenta corriente, crédito cambiario) del crédito y sobre la rescisión o, en su caso, vencimiento del crédito desde el punto de vista del acreditante y la obligación de devolverlo desde el punto de vista del acreditado, así como el abono de los intereses; además, la designación de las garantías que se han de proporcionar por el acreditado. En relación con esto último, puede estar ligado el contrato de crédito con un contrato de cuenta

45 Véase KOCH-SCHÜTZ: *Bankgeschäftliches Formularbuch*, pág. 15.

46 Sobre la admisibilidad de la cláusula «valor» véase *RG.*, 30-9-1920, en *B. A.*, XX, 134.

corriente, de prenda, o de cesión en garantía, o con una solicitud para la inscripción de una hipoteca, aunque no sea esto habitual en la vida bancaria.

El contrato de crédito con arreglo al § 138 del *BGB.*, será nulo si por su contenido o finalidad fuere contrario a las buenas costumbres. Por lo tanto, si se trata de un contrato de crédito sobre un préstamo para juego, será nulo el contrato en su totalidad. Ahora bien, si solo algunas disposiciones del contrato fueren contrarias a las buenas costumbres, únicamente serían nulas dichas cláusulas, y no todo el contrato, siempre que aquellas cláusulas consideradas como nulas no hubieren tenido una influencia decisiva en la celebración del contrato (§ 139, *BGB.*). Así, si son impugnadas con éxito como inmorales convenciones aisladas, como, por ejemplo, la *cláusula del interés o* la constitución de garantías excesivas, no se produciría, por regla general, la nulidad de todo el contrato, sino solo la de esas convenciones particulares[47]. Pero como la carga de la prueba pesa sobre aquel que pretende la excepción —casi siempre el Banco—, y esta cuestión de puro hecho puede ser resuelta de muy distintas maneras por los Tribunales, es conveniente hacer aceptar una cláusula, según la que la nulidad de determinadas cláusulas contractuales no tenga como consecuencia la de la totalidad del contrato.

El contrato de crédito no está como tal sujeto a formas determinadas, es aformal y puede concluirse incluso oralmente. En la práctica, existe regularmente una redacción por escrito; pero, desde luego, consiste menos en un contrato suscrito por ambas partes que en una *certificación* escrita proporcionada por el mismo Banco sobre los acuerdos convenidos oralmente. Esto en parte para el ahorro del timbre correspondiente a la conclusión del contrato[48], en parte, también, porque en los círculos bancarios es conocida la enemiga del público a obligarse mediante la firma de un contrato en la que particularmente el hombre medio ve un acto en cierto modo solemne, cuyo alcance no puede prever, por lo que teme sus consecuencias, más aún cuando el acreditado ha de firmar con normalidad en una apertura de crédito las condiciones generales del Banco, cédula de conocimiento de firma, etcétera, y el contrato debería, en lo posible, confeccionarse por duplicado, debiendo firmarlo ambas partes. Si el contrato de crédito estuviere ligado con algún acto formal, por ejemplo, solicitud de inscripción de una hipoteca, serán naturalmente decisivos estos preceptos formales.

El contrato puede estipularse bajo condición, como, por ejemplo, en la práctica, muchas concesiones de crédito se hacen bajo la de transformar la forma actual de sociedad personal del acreditado en una sociedad de capital o con la obligación de proceder a un aumento de capital social. En el comercio internacional no es rara la condición, y a menudo, se ha hecho depender la conclusión de un contrato de la realización de convenios internacionales, económicos o políticos.

---

47 Si la garantía convenida no fuese constituida porque fuese nula la constitución de la hipoteca, no quedará obligado por el contrato el otorgante del crédito; pero si la operación de crédito ha sido ya ejecutada, por la entrega y la aceptación del importe del préstamo, no será este afectado por la nulidad de la constitución de la hipoteca. (*RG.*, 108, 150. Véase también página 48, nota 50.

48 Vid. KOCH-SCHÜTZ: *Formularbuch*, parte V.

Mientras que el contrato de préstamo, con arreglo al § 610, *BGB.*, es un contrato unilateralmente obligatorio, el de crédito es bilateral. El contrato de préstamo[49] del Derecho civil contiene tan solo la promesa del prestamista o acreditante de hacer un préstamo, promesa que no precisa que sea aceptada por parte del prestatario. El contrato de crédito sobrepasa, por el contrario, en cuanto a su contenido y jurídicamente, esta promesa unilateral de préstamo, puesto que contiene obligaciones del acreditado, que ha de reembolsar, abonar intereses y garantizar el crédito.

El contrato de crédito, como el de préstamo, no constituye todavía el préstamo mismo, sino la obligación del acreditante de efectuar la operación de crédito mediante la concesión de su importe; pero establece, además, en contraposición al contrato de préstamo, las obligaciones con anterioridad mencionadas por parte del acreditado, obligaciones que se originan simultáneamente con la aceptación de la promesa de crédito. Ambas partes se obligan, pues, a la ejecución de la operación de crédito propuesta.

Esta distinción no resulta claramente de las declaraciones del Tribunal del Reich en la *JW.*, 1909, 309, núm. 4, en cuanto sostienen que un contrato de préstamo puede ser bilateral; pero que esa bilateralidad no se desprende de la obligación de reembolsar y de abonar intereses, puesto que la devolución pertenece a la esencia del préstamo y el abonar intereses es la regla general, al menos para sumas cuantiosas. Con declarar que la obligación de reembolsar pertenece a la esencia del préstamo, no se ha demostrado nada, completamente aparte de que esta obligación en el contrato de crédito no solo se limita a afirmar que se pagará de un modo general, sino en qué forma y en qué tiempo ha de hacerse dicho pago. El abono de intereses no es una característica del préstamo del Derecho civil.

Por el contrario, el contrato de crédito contiene obligaciones concretas del deudor con respecto a la cuantía del *tipo de intereses.* Igualmente inaplicables en la práctica me parecen las declaraciones del *RG.* sobre la obligación del deudor de procurar el afianzamiento del crédito para solucionar la duda sobre si se trata de un acto bilateral o unilateral. Si se trata de un préstamo con hipoteca como colocación de capital, afirma el *RG.* que existe una compra de hipoteca, es decir, un acto bilateral; pero si se tratase de un préstamo gratuito en el que puede existir un interés del acreedor en la empresa del deudor, entonces existe un contrato unilateral según el § 610 *BGB.*, y la dación de garantías será solo un presupuesto para la concesión del préstamo. La compra de hipoteca como colocación entra en el marco de operaciones de los Bancos hipotecarios y Cajas de Ahorro; pero no en el de los Bancos de crédito. Sin em-

---

49 Para evitar malas interpretaciones, indicaremos, sobre esto, que en la doctrina se distingue —por ejemplo, en GIERKE. § 198— entre el precontrato de préstamo y el contrato de préstamo, con lo que el concepto de precontrato de préstamo coincide con el mío de contrato de préstamo, y el de su contrato de préstamo, con el mío de operación de crédito o de préstamo. El *RG.*, 52, 306, distingue del mismo modo entre precontrato de préstamo, que está contenido en el contrato de crédito, y el contrato real de préstamo; también en una de las sentencias más recientes del Tribunal del Reich se ha aludido a esta bipartición, esto es, entre el precontrato de préstamo, es decir, promesa de préstamo (§ 610 *BGB.*) por un lado, y el contrato real de préstamo, es decir, el contrato efectuado por la entrega y la aceptación del dinero, por otro (RG., 108.150 y ss.)

bargo, en el tráfico crediticio de los Bancos la obligación del deudor de constituir una garantía da al contrato de crédito el carácter de un contrato bilateral, puesto que la dación de garantía forma un presupuesto para la entrega del importe del préstamo por parte del acreedor solamente en el negocio de crédito, al que el Tribunal del Reich designa como «contrato real de préstamo». Pero aquí no se trata en absoluto de operaciones de crédito, sino de contrato de crédito, y este se perfecciona por la aceptación del deudor de la obligación de cumplir aquel presupuesto. Si esta obligación constituye o no un presupuesto para la existencia del contrato de crédito —cuestión que solo puede ser resuelta en cada caso concreto—, es completamente irrelevante, puesto que, una vez aceptada, imprime al contrato de crédito el carácter de un contrato bilateral. Puede así decirse que el contrato de préstamo unilateral del § 610 *BGB.*, no se da en la práctica. Obligaciones de carácter unilateral no se asumen en el tráfico bancario; pero si excepcionalmente fuese este el caso, no se podrá hablar de contrato de crédito.

¿Qué consecuencias jurídicas se deducen en la práctica de la cuestión de si el contrato de crédito es un contrato unilateral o bilateral? Si existe solo una promesa de préstamo, puede esta ser revocada en virtud del § 610 *BGB.*, tan pronto como la situación patrimonial del acreditado empeore notablemente[50]; la promesa se entiende dada bajo la cláusula *rebus sic stantibus*[51]. Efectuado un contrato de crédito, y ante igual hecho, no concede la ley al acreditante un derecho de rescisión, sino que solamente está autorizado en virtud del § 321 del C. c. y en tanto que deba hacer primero su prestación, a aplazarla hasta que se haya hecho la contraprestación o hasta que se haya garantizado la misma[52]. En el último caso, queda el Banco situado más desfavorablemente, puesto que, ante todo, no queda liberado del contrato; pero, tanto el derecho de revocación del § 610 como el derecho de aplazar su prestación, según el § 321, dependen de que por el empeoramiento patrimonial del acreditado peligren las acciones del acreditante. Si, por consiguiente, se hubieren dado a este garantías suficientes, quedará obligado, a falta de acuerdos contractuales en contra, tanto por la promesa del préstamo como por el contrato de crédito. Por el contrario, es posible la anulación tanto del contrato como de la promesa de crédito, cuando en el momento de la conclusión del contrato de préstamo o de crédito hubiese habido error por parte del otorgante sobre la situación patrimonial, o dicho con otras palabras, sobre la capacidad crediticia del acreditado, puesto que esta constituye una cualidad esencial, en el sentido del § 119, 2, del *BGB.*, en atención a la cual se ha estipulado el contrato de crédito por parte del acreditante; porque, si este hubiere conocido la verdadera situación

50 Lo que deba entenderse por empeoramiento esencial es una pura cuestión de interpretación. Sin embargo, el *Rg.*, 66, 385, y el *Kg.*, en *OLgR.*, 18, 59, no han adoptado un criterio mezquino y han tenido en cuenta los requisitos de la práctica.

51 *ROHG.*, vol. 23, núm. 48, pág. 137; *OLG. Hbg.*, de 10-4-1906, en *B. A.*, VI, 14 Danz, en *B. A.*, VI, 99.

52 En la entrega de un préstamo sobre hipoteca debe, ante todo, aportarse la prueba de la inscripción de esta, antes de que se pague el importe de aquél (Warneyer, vol. XII, pág. 66). Corresponde, pues, al deudor un deber de prestación previa. V. también página 42, nota 47.

patrimonial del deudor, no le hubiese concedido[53] [54] el crédito; pero debe, ante todo, abonar al deudor el interés negativo, de acuerdo con el § 122 del *BGB*.

Por el contrato de crédito adquiere el acreditado una acción contra el acreditante, que podrá hacerse valer en juicio para la realización de la operación de crédito, es decir, para el pago del préstamo contratado. Esta acción no es transmisible, y así se reconoce generalmente[55], porque la entrega del préstamo y la promesa de préstamo se hacen teniendo en cuenta puras relaciones personales entre los contratantes, que no solo precisan basarse en la[56] confianza del acreditante con el acreditado, sino que muy a menudo se encuentran en la zona de los intereses económicos. En cuanto este derecho de crédito derivado del contrato de crédito no es transmisible, tampoco es posible su embargo[57]. No obsta esto, naturalmente, para que se convenga entre acreditante y acreditado una cesión del derecho de crédito o esta se deduzca de las circunstancias. Contra una cesión, están los pactos positivos sobre la finalidad de aplicación del crédito, como, por ejemplo, los que convienen regularmente al contrato de crédito refaccionario o a los créditos concedidos con la garantía de documentos[58]. El acreditado no está autorizado tampoco en estos casos, sino le fue cedido el derecho, a disponer del crédito en forma distinta a la convenida o para otro fin del contractualmente determinado, por ejemplo, el giro de dinero para salarios o proporcionando órdenes de pago a un tercero para la satisfacción de facturas. Al derecho del acreditado para exigir el importe del préstamo en virtud del contrato de crédito, se contrapone la obligación del acreditante de concederlo. Es dudoso que pueda liberarse de la entrega del crédito, mediante la compensación de una obligación anterior con el acreditado, ya que se parte de la base de que la finalidad del préstamo era proporcionar nuevos medios al acreditado[59].

---

53 Cfr. DANZ: *Grundsätze,* § 16, págs. 72 y ss. Si PLANCK, § 610, nota 4, pretende que la incapacidad general de pago no debe estimarse como una calidad esencial de la persona, y que un engaño sobre la situación patrimonial debe estimarse generalmente como un error irrelevante en la motivación. Esto es completamente inaplicable al tráfico crediticio bancario, porque aquí se estima como indiscutible lo contrario, y PLANCK mismo concede que en determinadas operaciones de crédito deben considerarse como factores esenciales la incapacidad de pago y el merecimiento de crédito; del mismo modo *RG., 75,* 274; 105, 208; comp. también PLANCK, § 119, IV, 5c.

54 Al otorgante del crédito corresponde la carga de la prueba acerca de que la capacidad crediticia constituye una cualidad esencial, en el sentido del § 119, 2, *BGB.; RG.*, 66, 385; *OLG.*, Hamburgo, 23-9-1907, en *B. A.*, VII, 76.

55 *RG.*. 7-12-1907, en *B. A.*, VII, 77, y *JW.*, 1907, pág. 708.

56 § 399, 2, *BGB.*

57 § 851, *ZPO.; RG.*, 51, 119. Pero, por ejemplo, si el crédito hubiese sido abierto para proporcionarse una máquina y el acreditado incurriese en mora en el pago, no existe, a mi modo de ver, ninguna clase de objeciones jurídicas o prácticas acerca de que la acción para el crédito puede ser embargada por parte del administrador.

58 Créditos sobre la cesión de derechos quirografarios se aplican generalmente, para el pago de jornales o facturas de mercancías.

59 Vid. PLANCK, nota 1c. al § 387.

Si se declarase en quiebra el acreditado sin que se hubiere reservado un derecho de rescisión del contrato en cualquier momento sin sujeción a plazos, puede el síndico de la quiebra intervenir en el contrato y pedir el cumplimiento del contrato mediante la concesión del préstamo por el acreditante, proporcionando las garantías pactadas[60]. Si las garantías pactadas no proporcionasen al dador del crédito, es decir, al Banco, una garantía suficiente para el crédito que se va a abrir, estará autorizado aquél en virtud del § 321 *BGB.*, a demorar la entrega del importe del préstamo hasta que se haya asegurado la devolución por el síndico de la quiebra.

No significan una situación ideal para los Bancos los preceptos del *BGB.* que protegen al acreditante contra la entrega del importe del crédito si ha ocurrido un empeoramiento fundamental en la situación patrimonial del deudor, empeoramiento que ha de probar el acreditante que lo alegue, presuponiendo, además, dichos preceptos para la garantía de los derechos del acreditante que estos sean puestos en peligro por el empeoramiento patrimonial, lo cual ha de probar igualmente el acreditante. Es más, los preceptos aludidos constituyen un grave peligro, puesto que el aportar la prueba del «empeoramiento fundamental» es con frecuencia extraordinariamente difícil y a veces imposible.

Además, tienen los Bancos, a menudo, un interés grande y justificado en rescindir operaciones de crédito por motivos que no radican en la persona del acreditado y nada tienen que ver en absoluto con el empeoramiento grave, pienso solamente en crisis políticas o económicas: aquel interés subsiste finalmente, aun cuando se haya proporcionado garantía suficiente por el acreditado, completamente aparte de que este haya llegado a una mala situación patrimonial o no. Con motivo de estas relaciones condicionadas por la liquidez o fluidez de los Bancos, se ha formado en ellos la costumbre de conceder créditos solo como créditos vencederos diariamente[61], y, por consiguiente, a insertar una condición en las cláusulas generales de contratación en la que esto se fija una vez más. Esta condición no se limita a declarar rescindibles en todo momento los contratos de crédito, sino que establece la facultad del Banco para rescindir a su libre arbitrio toda relación de negocios[62]. Una relación de negocios existe no solo cuando se han realizado contratos en firme, sino ya en los cambios de impresiones para el aumento de una cuenta o de un crédito, así como para estipular un contrato de crédito. El concepto de relación de negocios es universal, y comprende el conjunto de relaciones de negocios existentes entre el acreditado y acreditante. Para impedir a los clientes la alegación de que la facultad de rescisión del Banco contradice la buena fe se concede corrientemente el derecho de rescisión a ambas partes, cliente y Banco.

---

60 § 17, *KO.* No puede entrar en el contrato por una propia autorización, sino que necesita, en mi opinión, y de un modo análogo al § 134, *KO.*, el consentimiento de la Junta de acreedores, y deberá, por lo tanto, probarlo a petición del otorgante del crédito. Si entrara en el contrato de crédito sin este consentimiento, será, no obstante, válido el contrato, puesto que la falta de consentimiento no afecta a la validez frente a terceros (§ 136, *KO.*).

61 Si se afirmare lo contrario por el tomador del crédito, le corresponderá la carga de la prueba (*RG.*, 6-7-1916, en *B. A.*, XVI, 343).

62 Comp. KOCH-SCHÜTZ: *Formularbuch*, pág. 2, núm. 2, párr. 2 y pág. 56, así como sobre la revocación de un uso crediticio bancario por cambio de circunstancias. DANZ, en *B. A.*, VI, 99.

Esta posibilidad de rescisión de la operación en cada momento, no sería necesaria en la conclusión de un contrato de crédito, si este está en conexión con un contrato de cuenta corriente no precisándose entonces en absoluto pactos sobre la rescisión; puesto que el contrato de cuenta corriente es rescindible en cada instante, según el § 355, 3, *BGB.*, lo son también consecuentemente los contratos de crédito con él ligados y que forman con él un solo conjunto[63].

Si las condiciones generales de contratación del Banco no contienen la cláusula anterior de rescisión, se inserta la correspondiente condición por regla general en el contrato de crédito o en la certificación escrita del Banco[64].

Con la rescisión del contrato de crédito vencen al mismo tiempo todos los correspondientes pactos accesorios entre el Banco y los clientes, por ejemplo, la obligación del Banco de aceptar letras, pagar cheques, así como la constitución de cartas de crédito, en tanto que estas convenciones se fundaran en el contrato de crédito, y no sea de presumir que el Banco las hubiese concedido sin la existencia del mencionado contrato.

4. LA OPERACIÓN DE CRÉDITO

Se entiende por operación de crédito la cesión remunerada y en propiedad de un capital por parte del acreedor, y por parte del deudor la aceptación del capital, con la obligación de abonar los intereses pactados y restituir el capital. Se trata de un acto jurídico bilateral con efecto real, que en conjunto representa el cumplimiento del contrato de crédito. La obligación del acreditado consiste en la dación de las garantías convenidas en el contrato de préstamo y en la devolución del importe del crédito, y la del acreditante, en la concesión de dicho importe. La dación de garantía implica un deber de prestación previa del acreditado (v. nota 52), y solo después deberá verificarse la entrega de la suma prestada. Jurídicamente, tienen aplicación a la operación de crédito las disposiciones legales sobre préstamo. El derecho civil parte de que el capital prestado ha sido ya transmitido por parte del acreedor e impone al prestatario, realizado este supuesto, la obligación de devolver al prestamista otro tanto de lo recibido y de la misma especie y calidad[65]. El préstamo es, por consiguiente, un contrato real unilateral; es decir, un contrato en el que la obligación de devolución y su cuantía por parte del deudor dependen de la entrega efectiva y de la cuantía de lo recibido del acreedor. Por la dación de las garantías y la entrega del importe del crédito se desenvuelve la operación de crédito como contrato bilateral distinto del préstamo unilateral del Derecho civil.

El préstamo, y en su caso el crédito, tienen su base en el contrato de préstamo o en el de crédito, en el que las partes se han puesto de acuerdo sobre la concesión del préstamo, conviniendo las condiciones. El objeto del préstamo deberá abonarse, según la ley, en dinero o en otras cosas fungibles. Prácticamente, el préstamo en dinero es el más usual; sin embargo, en el tráfico cre-

63 Comp. *RG.*, 6-7-1916, en *B. A.*, XVI, 343.

64 KOCH-SCHÜTZ: *Formularbuch,* 56, pág. 56.

65 § 607, *BGB.*

diticio de las operaciones bancarias existen préstamos de efectos, sobre todo cuando el dinero no posee valor fijo, por las fluctuaciones del mercado monetario, o cuando escasea extraordinariamente.

Lo primero indujo a menudo a finales de 1923 a conceder y reembolsarse el importe de los préstamos, no en marcos papel, sino en bonos oro o asignados del Tesoro americano, y lo último fue motivo para que los préstamos de los Bancos Hipotecarios no se hiciesen en marcos, sino en cédulas pignoraticias[66], para lo que estaban autorizados por sus estatutos. El acreditado está obligado, pero también autorizado, a falta de otras convenciones, a reembolsar el préstamo en efectos de igual clase. Soporta, por consiguiente, el riesgo ante posibles alzas de la cotización, y tiene también del mismo modo el beneficio por la baja de aquélla.

Acerca de si corresponde al deudor una facultad alternativa para, llegado el vencimiento del préstamo, devolver, en vez de efectos, dinero, en la cuantía del valor de la cotización de los efectos, solo puede resolverse en cada caso concreto de acuerdo con los convenios de las partes y de las relaciones económicas al vencimiento del préstamo; pero si los efectos existieran en poder del deudor, no hay fundamento jurídico que autorice para devolver, en vez de los efectos[67], su importe en dinero. Pero si el acreditante consintiera en el pago en metálico, tiene derecho, desde luego, a reclamar al acreditado los gastos (timbre, corretaje, comisión) que están relacionados con la adquisición de los efectos; por otro lado, por aplicación analógica del § 251 del C. c., se debe conceder al deudor el derecho de liberarse por el pago en metálico, si la entrega de los efectos le hubiese llegado a ser imposible objetiva o económicamente[68].

Lo mismo habría de aplicarse si en vez de un préstamo en marcos se hubiese concedido un préstamo en divisas[69].

El acreditante está obligado a conceder el crédito y transmitir la propiedad del valor del préstamo al acreditado. El valor debe pasar a la propiedad del prestatario; sin transmisión de propiedad no existe préstamo. Un incapaz de crédito no puede transmitir la propiedad, aunque él mismo sea propietario; así tampoco el acreditado de mala fe adquirirá la propiedad sobre los valores robados o sustraídos[70].

---

66 § 14, *Hypothekenbankgesetz* (Ley sobre Bancos hipotecarios).

67 § 279, *BGB.*

68 § 251. Dice: «Si la reposición solo es posible con gastos desproporcionados», en mi opinión, no pueden verse tales gastos desproporcionados, si los efectos entre tanto han sufrido un alza importante; tampoco podrán ser decisivas simplemente las relaciones monetarias, y el pacto de que un préstamo en marcos deberá reembolsarse en moneda extranjera no va, *a priori,* contra las buenas costumbres; comp. *RG.,* 20-10-1921, en *B. A.,* XXII. 69, y *RG.,* 30-9-1920, en *B. A.,* XX, 134. Imposibilidad de la prestación, § 275 *BGB.* y *condictio indebiti.*

69 Aquí se encuentra en contradicción la práctica bancaria con el § 244, *BGB.,* que, en relación con los créditos en divisas, autoriza siempre una devolución en marcos, en tanto que la práctica bancaria entiende, al contrario, que los préstamos en divisas deben ser devueltos en divisas, aun cuando no se haya convenido así expresamente. Es conveniente para los Bancos nacer pactos en firme en este sentido.

70 La adquisición de la propiedad se regula según los §§ 929, 932.935, *BGB.;* comp. sobre esto *RG.,* 103, 288.

Por consiguiente, no puede transmitir cualquiera la propiedad y conceder un crédito, aunque esté en posesión de los medios necesarios[71]. El valor del crédito debe transmitirse al acreditado. En el tráfico de mercancías existe, sin embargo, la posibilidad de que el acreditado deba ya por otro motivo al acreditante cosas fungibles, y sean estas o su valor las que después le hayan sido concedidas como préstamo. Es también posible que ciertas mercancías hayan sido entregadas para su venta y que después se realice un convenio, con arreglo al cual el precio de las mercancías vendidas sea cedido en concepto de préstamo; no debe confundirse esto por la igualdad del resultado económico con el aplazamiento del precio de la compra (454 *BGB.*). Pero tampoco es necesario que en un crédito dinerario se efectúe al contado la transmisión del valor del préstamo. La suma puede ser abonada «en cuenta», por ejemplo, al acreditado, en lo que debe verse igualmente una transmisión de propiedad, y después puede disponer del crédito mediante el giro de cheques, o librando de otro modo asignaciones (caso normal). El crédito puede, además, ser puesto a su disposición mediante el descuento o la aceptación de letras por el Banco; mas para esto precisa un convenio especial, en cuanto ello difiere de lo normal. Concedido el préstamo en la forma debida, queda separado del patrimonio del acreditante, que, al vencimiento, no tiene ninguna acción reivindicatoria contra el acreditado, según el § 985 *BGB.*, sino solamente una acción personal.

El acreditado está obligado a devolver el préstamo: la ley dice que en la misma especie, calidad y cantidad.

El acuerdo de las partes fijará, además, cuándo debe verificarse la devolución, y con qué prestaciones accesorias.

Sí no reembolsare el acreditado, podrá ser declarado en mora y demandado para el pago. Al mismo tiempo que la obligación principal habrán de abonarse los réditos y los intereses de demora, y resarcir los daños, si los hubiere.

Como daños, pueden, por ejemplo, reclamarse la ganancia que dejó de obtenerse por la mora en el pago, y los daños por desvalorización[72].

La ley no concede al deudor el derecho de efectuar pagos parciales (§ 266 *BGB.*).

---

71 HAHN (*Geld, Kredit.*, pág. 39. *Handbuch der Staatswissenschaften*, entrega 23, pág. 944), en sus consideraciones económicas acerca del dinero, manifiesta: «en principio puede obtener créditos dinerarios todo el que tenga dinero o capacidad adquisitiva»; sin embargo, esto es falso desde el punto de vista jurídico (aunque económicamente no sea discutible), pues lo principal no es solo el dinero, sino la capacidad crediticia.

72 §§ 252, 286-288, *BGB.*; comp. *OLG. Hbg.*, 20-7-1923, en *B. A.*, XXIII, 75. Tribunal Cameral, 24, 4, en *B. A.*, XXIII, 249. Con vacilación se ha apartado la jurisprudencia de la ficción marco = marco, y se ha adherido a la concepción completamente legítima de que por todo pago en mora, y a consecuencia de la desvalorización del dinero implicada por la inflación, se originaba un daño importante al titular legítimo del derecho, del que resulta responsable el deudor que se encuentra en mora.

La personalidad del acreditado, así como la del acreditante, no influyen en el aspecto jurídico de la operación de crédito, en tanto tengan ambas partes capacidad crediticia. Una excepción a esto se encuentra en cierto modo solo con ocasión de los créditos concedidos a los propios dependientes y empleados del acreditante, y justamente sobre esto se han originado numerosísimos pleitos en los últimos años[73]. Debe distinguirse si se trata de anticipos[74], que se han pagado a los dependientes «a cuenta» de su sueldo, o de préstamos. El anticipo sobre el sueldo, según su naturaleza, y coincidiendo con la voluntad de las partes, no produce, por regla general, intereses, ni es denunciable, puesto que deberá ser amortizado con el sueldo; se le opondrá una contraprestación del acreditado, que pudiera también ser futura, y deberá guardar una, proporción determinada con los sueldos del mismo, fijadas contractualmente en el contrato de trabajo; por ejemplo, si el pago del empresario sobrepasa por su cuantía el importe del sueldo mensual del dependiente, sin que se hayan tomado acuerdos con respecto al sistema de amortización sobre sueldos, no podría tratarse de un anticipo, sino de un préstamo. La diferencia jurídica entre anticipo y préstamo consiste en que en el anticipo no puede reclamarse el reembolso por la acción de préstamo, sino solo por la de enriquecimiento injusto, y, por otro lado, en tanto que se trata de un préstamo, no tiene derecho el empresario a compensar su derecho de préstamo con el derecho al sueldo del empleado, que simultáneamente es acreditado. Estas cuestiones se agravan habitualmente con motivo de la extinción del contrato de trabajo, y debe tenerse presente para la decisión del caso la voluntad de las partes sobre el pago del anticipo o del préstamo, y fijándose la naturaleza jurídica del pago en consideración a las condiciones pactadas[75].

El préstamo, en la práctica, y particularmente en el tráfico bancario es, por regla general, con interés; los Bancos son organismos de lucro y no de beneficencia, y los intereses constituyen en tiempos normales su fuente principal y más segura de ingresos. El *BGB.* fija los intereses legales de demora en el 4 por 100; el *HGB.*, tratándose de intereses basados en operaciones de comercio bilaterales, los fija en 5 por 100[76]; tipos que son de carácter dispositivo y que en la vida bancaria pueden ser aumentados o disminuidos por convenio de

73 Otras disposiciones excepcionales en *Krediten an Ausländer Devisenverordnung.*

74 Comp. también § 354, *HGB.* El concepto de anticipo coincide casi siempre, en el tráfico bancario, con los de préstamo o crédito; los balances de los grandes Bancos tienen unánimemente una partida con la denominación de «Anticipos sobre mercancías y documentos de embarque de mercancías», en los que se trata regularmente de préstamos con interés, es decir, créditos bancarios; la designación como anticipo no puede ser, por lo tanto, decisiva para la naturaleza de la operación jurídica. El anticipo se distingue del crédito, por un lado, en su improductividad de intereses, además porque no puede ser reclamado por la acción del préstamo, sino por la de enriquecimiento injusto. Sobre la significación de la palabra anticipo véase Leitner: *Bankbetrieb,* página 206. Staub entiende por anticipo, en el sentido del § 355, *HGB.*, prestaciones previas sobre contratos por cumplir (§ 354, nota 10), mientras que Düringer-Hachenburg, vol. II, § 354, pág. 467, quiere hacer valer como anticipos solo aquellos pagos en los que el perceptor del anticipo no es el mismo que el que los devuelve.

75 Vid. *JW.*, 1912, pág. 684.

76 §§ 246-288, *BGB.*; §§ 352., 353, *HGB.*

las partes. La elevación tiene un límite superior marcado por las distintas disposiciones sobre la usura[77].

Todos estos preceptos, tanto los del *BGB.* como los de la ley contra la usura y los Decretos sobre alteraciones de precios, exigen una ventaja patrimonial desproporcionada, una ganancia o beneficio excesivo del usurero a costa del prestatario (compárese p. 160, créditos usurarios). Además, el *BGB.* prohíbe de un modo general los intereses de intereses, así como los intereses moratorios de intereses[78], y el *HGB. solo* los permite en las cuentas corrientes, es decir, cuando existe una cuenta[79] abierta que solo debe saldarse en determinados momentos.

Por lo que hace a la cuestión de en qué especie han de abonarse los intereses del crédito, debe establecerse como principio que los intereses deben determinarse con arreglo a la prestación principal. Si se tratase de un crédito de marcos, deberán abonarse los intereses en marcos; si se trata de un crédito de divisas, se pagarán los intereses en la valuta en que el crédito fue concedido, mientras no se hayan estipulado pactos expresos en contra. Si se hubieran concedido créditos en dinero en valores fijos, será en estos valores fijos sobre los que deberán calcularse los intereses y recargarse sobre aquella base fija; créditos en bonos oro o del Tesoro americano deberán considerarse como créditos en valores fijos y no como de efectos, ya que solo se hicieron en esta forma a falta de otros medios de pago de valor fijo, y el abono de los intereses deberá igualmente hacerse en moneda de base de valor fijo. Concedido el crédito en efectos, no se concibe, por lo general, un abono de intereses en los mismos efectos; en este caso, deberá reconocerse al deudor[80] el derecho de pagar en marcos los efectos que renten en marcos, y en la correspondiente divisa extranjera, los efectos que renten en monedas extranjeras. Si un mismo efecto se cotiza en diversas valutas, se pagará en el valor del lugar de emisión del título o valor en cuestión, en tanto que los cupones o las cédulas de dividendos se refieran a la misma valuta[81].

Los intereses se calculan con arreglo a la ley por anualidades, después del vencimiento del crédito, o si se trata de cuentas corrientes, después de su cierre, lo que al menos debe hacerse una vez por año[82].

Las partes pueden tomar acuerdos especiales, y en la vida bancaria es frecuente liquidar trimestralmente las cuentas de deudores con intereses. Puede además pactarse que los intereses se computen anticipadamente o que se deduzcan de la cantidad que ha de aportarse para el pago, del mismo modo que en el tráfico cambiario. Como excepción a la regla, esto deberá pactarse

---

77 § 138, RGB.; *Wuchergesetz* (Ley contra la usura), de 19-6-1893. Decreto sobre alteración de precios, en *RGBl.*, I, 1923, pág. 700.

78 §§ 248, 289, *BGB.*

79 § 356, *HGB.;* comp. también sobre esto el capítulo sobre decretos de crédito, pág. 96; también *B. A,.* XXIV, y las dos *RG.*, 24, 305 y 30.

80 Analog., § 244, *BGB.*

81 En contradicción parcial la práctica con el § 244, *BGB.;* comp. página 57, nota 69.

82 § 608, *BGB.*, §§ 353, 355, *HGB.;* comp. también el capítulo sobre asura con ocasión de crédito, pág. 160.

por anticipado contractualmente. El § 254 del *HGB,* autoriza expresamente[83] que, además de los intereses, puedan pactarse comisiones; por el contrario, se necesita un acuerdo contractual para la participación del acreditante en el beneficio del negocio que se realice con el crédito. En este último caso es difícil distinguir acerca de si entre el acreditante y acreditado existe una relación de préstamo o una relación de sociedad; es decir, si el primero adquiere un derecho de crédito contra el tomador, o solo está interesado en la ganancia o en la pérdida, y si le compete el derecho de exigir interés sobre el importe total del préstamo, o en su caso, de la participación[84]. Si el acreditado se retrasase en el pago de los intereses, solo podrá el acreedor accionar para el pago de los intereses por vía de demanda; pero no le corresponde el derecho de resolución del § 326 del *BGB.* [art. 1.124, C. c. español], puesto que este presupone un contrato bilateral y la promesa de préstamo únicamente es un contrato unilateral[85].

El crédito es denunciable por regla general[86]. El *BGB.* marca para ello plazos que son de un mes, en préstamos, de hasta 300 marcos, y de tres meses en créditos superiores a 300 marcos[87]. Además, se dispone en el § 247 del *BGB.* que el deudor está autorizado para denunciar en cualquier momento un préstamo, cuando se haya establecido un interés superior al 6 por 100, siempre que haya transcurrido medio año y se observe un plazo de seis meses para la denuncia, con exclusión de todo pacto en contra. El *HGB.* permite, cuando se trata de una cuenta corriente, la rescisión de la misma en cualquier momento. Si el crédito se hubiese hecho en forma de cuenta corriente, será denunciable del mismo modo[88]. Naturalmente, es posible cualquier otro acuerdo sobre el vencimiento y la denuncia. Si el crédito hubiese sido concedido en firme por un tiempo determinado, solo será denunciable antes del plazo si peligrase el derecho del acreditante por hechos acaecidos posteriormente[89]. Cuándo y cómo existe ese supuesto, es siempre una cuestión de hecho, como todos aquellos casos en los que se quieren hacer valer acciones en virtud de la cláusula *rebus sic stantibus.* No es preciso que esté fijado con arreglo a fechas del calendario el vencimiento del crédito, sino que también es posible hacerlo

---

83 § 354. Dice: «quien en el ejercicio de su industria comercial cuida de los negocios de otro o le presta servicios»; este supuesto se da si un Banco concede crédito a su cliente. Comp. Staub, § 354, nota 8; § 355, nota 33.

84 Comp. *Créditos colectivos.*

85 De otra opinión es Cosack, § 142, IV, que ve en el préstamo un contrato bilateral y que, por tanto, tiene como posible el derecho de revocación, según el § 326, *BGB.*

86 La rescisión de un préstamo hecho a una mujer casada debe hacerse siempre frente a la mujer y al marido, en tanto que la rescisión tiene que producir efectos con respecto a los bienes aportados. Esto último no tiene aplicación a aquellos créditos obtenidos por la mujer en el ejercicio de su industria mercantil (§ 1.405, 2, *BGB.*).

87 § 608, *BGB.*

88 §§ 355 y 354, *HGB.:* exigen solo la calidad de comerciante a una de las partes; por lo tanto, en el tráfico crediticio bancario no precisa que el cliente sea comerciante.

89 § 271, *BGB.*, comp. pág. 48. Igualmente debe verse como un pacto tácito en la práctica el pago puntual de los intereses; si esto no se hiciera, será el préstamo rescindible, aun antes del vencimiento pactado; así también Staub, § 609, nota 2c.

depender de la realización o de la conclusión de determinados sucesos. Entonces, el crédito está concedido bajo condición resolutoria; encontramos esto en la práctica frecuentemente en la forma de que el crédito será reembolsado después de la realización de un aumento de capital que se ha de acordar o de la emisión de un empréstito todavía no consentido. Un pacto por el que no fuese denunciable el crédito por parte del acreditante[90] es admisible según la doctrina dominante; pero un pacto según el cual el acreditado renunciase a la denuncia, sería contrario a las buenas costumbres y, por consiguiente, nulo.

La relación crediticia se extingue por la devolución del préstamo y por la remisión de la deuda[91]; no se extingue por la quiebra[92] o la muerte del deudor. Esto último autoriza, a lo sumo, a una denuncia anticipada, según el § 271, 2 del *BGB*. En el caso de muerte, forma el crédito una obligación de la herencia, de la que responden los herederos[93]; y en el de la apertura de la quiebra[94], un derecho de crédito contra la masa del concurso, por el cual, y en virtud de las garantías concedidas, puede pedirse un pago por separación o de preferencia, según los casos[95] y [96].

Los preceptos legales sobre el préstamo han experimentado en la práctica bancaria, especialmente en lo relativo al abono de intereses y a la denunciabilidad, notables ampliaciones mediante las cláusulas generales de contratación. Anteriormente indiqué ya que las partidas más seguras del activo en los inventarios de los Bancos son los ingresos por intereses que resultan de la diferencia entre los intereses del activo y del pasivo. Los tipos de los intereses debidos por créditos se determinan, no solo por la oferta y la demanda de dinero en el mercado libre (dinero de Bolsa, descuentos del Banco del Reich, descuentos privados), sino, además, por el riesgo que está unido a la apertura del crédito en cuestión, y, por último, por el importe de los gastos con que trabaja el acreditante, al que los ingresos de los intereses deben proporcionar una compensación. De aquí se deduce que el tipo de interés del Debe tiene que adaptarse a la situación económica cambiante, estando sometido igualmente a oscilaciones, y que no puede limitarse al tipo, para el ahorro y la imposición, relativamente alto en Alemania en proporción con otros países, al 4 o 5 por 100 legal. El tipo de interés de los Bancos viene siendo fijado, desde hace una porción de años, por el cártel de las condiciones, y reglado de un modo unitario. Se puede decir perfectamente que esta política de intereses del cártel de las condiciones, en los años de inflación, ha sido muy poco afortunada, ya que el mantenimiento bajo de los intereses del Debe no

90 Por ejemplo, los empréstitos perpetuos del Estado, regiones, municipios, etc.

91 Comp. mi *Warenkredit*, pág. 32, nota 1.

92 Es imposible un renacimiento de la obligación por la revocación de la remisión. La relación de crédito puede volver a tener valor solo por la entrega de un nuevo préstamo, pero no por la revocación de la remisión. (RG., 76, 60.)

93 § 65, *KO.*: por la quiebra vencen todos los derechos; por consiguiente, también el de un préstamo concedido. § 17, *KO.*: no tiene aplicación, pues el préstamo no es un contrato bilateral (JAEGER § 65, nota 8). [Cfr. art. 883, § 1, C. de C. español.]

94 § 1.967, *BGB*.

95 § 31, *KO*.

96 §§ 47, 43, *KO*. Comp. también § 7a: *Depotgesetz*.

ha sido establecido en beneficio de la economía pública ni de la particular de los Bancos[97], y la fijación unitaria del rédito corresponde más al interés de los grandes Bancos que al de la Banca privada. A pesar de ello, subsiste aún hoy día esta fijación unitaria, y estos tipos de interés y de comisión deben ser indicados como los corrientes en los negocios bancarios. Por este motivo, las condiciones contractuales, y con la misma frecuencia los contratos de crédito, no fijan los tipos de interés y de comisión que han de cobrarse, sino que se limitan a decir sobre ello que, además de los intereses y comisiones convenidos, se computarán los gastos de correo, telégrafo, teléfono y timbre, así como una cantidad global por los demás gastos. El Banco está, además, autorizado a modificar en cualquier momento el tipo de interés, así como las fechas de liquidación, y a prescindir en absoluto de dar intereses por las cuentas. Así se libera el Banco del tipo de interés legal[98] y se reserva la liquidación de los tipos oscilantes de interés y de comisión, así como por gastos[99], y, de otro lado, limita su prueba a que los tipos establecidos por él son los corrientes; además, amplía a su gusto la obligación de saldar del § 355, 2, *HGB.*, que ni por motivos técnicos ni económicos puede limitarse a la liquidación que ha de hacerse una vez por año. Aunque los Bancos de crédito lo conceden casi siempre en la forma de cuentas corrientes, y como tales son denunciables en todo momento, no obstante, y cualquiera que sea la forma en que el crédito ha sido concedido, se asegura su denunciabilidad en cualquier momento, mediante la cláusula general mencionada en la página 52. Se fija en ella que la relación contractual puede ser denunciada en cualquier instante al libre arbitrio del Banco, mientras no se haya fijado expresamente por escrito un plazo de denuncia, y que, a pesar de ese plazo de denuncia, el contrato podrá ser dado por concluido, y, por consiguiente, el crédito vencido, si el cliente, dentro de un plazo determinado por el Banco, no completa la garantía proporcionada por él de tal modo que ofrezca al Banco la misma seguridad que en el comienzo, o si la situación patrimonial del cliente ha empeorado esencialmente[100] [V. en Apéndice III la cláusula que a este respecto emplean en sus pólizas algunos Bancos españoles (reposición de la garantía disminuida en los tres días siguientes al requerimiento)], particularmente si ha suspendido pagos o declara querer suspenderlos, si alguna letra aceptada por él ha sido protestada o se ha iniciado contra él un procedimiento ejecutivo[101].

---

97 Donde no se desconoce que la misma falta fue cometida por el Banco del Reich y el Gobierno obligó a un mantenimiento bajo de los tipos de interés; contra esta falsa política de intereses debió haber formado un enérgico frente el cártel de condiciones.

98 En las relaciones de los Bancos con la clientela, es generalmente frecuente que los Bancos computen, a falta de pactos especiales, el tipo de interés y de comisión corriente a la sazón. Esto se aplica aun cuando los clientes no se hayan sometido a las condiciones generales de contratación del Banco. (*Informe de la Cámara de Comercio de Berlín, C.* 80, 308/24, *XII, A.* 7.)

99 No sería preciso expresar la reserva del resarcimiento de los gastos realizados, pues la ley lo determina (§§ 670, 675, *BGB.*; § 396, 2, *HGB.*); sin embargo, se hace por razones de conveniencia.

100 Sin que por esto precise que peligre el crédito (§§ 321, 610, *BGB.*) Sobre la rescisión del crédito a causa de la baja de la cotización de los títulos-valores depositados. (Comp. DANZ, en *B. A.*, VI, 99, números 2 y 3.)

101 Comp. KOCH-SCHÜTZ, pág. 2, núm. 2, párr. 2.

El vínculo contractual puede ser denunciado en cualquier instante, la devolución del crédito puede exigirse en todo momento, y no precisa el mantenimiento de los plazos de denuncia. Sin embargo, no puede, naturalmente, pedirse siempre que el deudor devuelva de la noche a la mañana un crédito cuantioso[102], pues se entiende concedido un plazo adecuado por aplicación analógica de preceptos legales existentes[103]. Lo que deba entenderse por plazo adecuado es una cuestión de interpretación, en la que será decisiva, no solo la cuantía del crédito, sino, especialmente, la calidad de la garantía y el riesgo del acreedor.

5. Aseguramiento del crédito

Aun cuando los preceptos legales sobre la naturaleza y forma del aseguramiento de los créditos y sobre la realización de las garantías dadas son tan solo de naturaleza subsidiaria en relación con los preceptos legales sobre el crédito, su importancia es tan extraordinaria para el conjunto de las relaciones de crédito, que no pueden quedar sin la debida exposición en el marco de este trabajo.

En relación con la clasificación hecha en el cap. I, páginas 24 y 25, entre créditos personales y créditos reales, se distingue entre garantías reales e ideales, es decir, garantías no de valores reales, sino de valores personales. Estas últimas las encontramos en la forma de fianzas y cesiones de derechos de crédito, en las que el fiador o el tercero deudor responden personalmente junto al deudor por la cuantía de la suma afianzada o del derecho de crédito cedido o pignorado. Las garantías reales se dividen en garantías sobre muebles y sobre inmuebles, y comprenden también la transmisión en garantía, que, por su parte, solo es utilizable con cosas muebles. La cesión y pignoración de derechos ocupan un lugar intermedio entre las garantías reales, representadas por cosas materiales, y las ideales, proporcionadas por personas; pero serán expuestas a continuación, en unión de la cesión o pignoración de derechos de crédito, en razón a su tratamiento jurídico. La cesión de derechos de crédito y la transmisión en garantía son denominadas negocios fiduciarios, en contraposición a los «negocios de aseguramiento o garantía», que son la fianza y la prenda e hipoteca. Mediante la palabra fiduciario se hace referencia a la relación de confianza entre el acreditante y el acreditado, que se exterioriza en que el cesionario o garantizado (aceptante de la garantía) aparece en las relaciones externas con un pleno poder de disposición con respecto al derecho de crédito cedido o al objeto transmitido en garantía, mientras que en el aspecto interno, respecto al cedente, el dador de la garantía, solo tiene capacidad de disponer en la cuantía de la relación causal de deuda, y está obligado a entregar todo posible sobrante y, además, solo puede ejercer sus derechos como

102 Una excepción la constituyen los llamados dineros a la vista, que en la Bolsa se dan o son aceptados de Banco a Banco, en los que siempre debe contarse con la devolución para el día inmediato. No se necesita una rescisión ni el dar plazos, siendo inmediato el derecho de ejecución del acreedor ante el impago.

103 Por ejemplo, §§ 344, 355, *BGB.*, en la revocación; § 1.120, *BGB.*, en la venta de la prenda.

titular del derecho de crédito o como propietario, en tanto que corresponda con la finalidad del negocio de garantía.

En virtud de la clasificación anterior en garantías ideales y reales y del estrecho parentesco de la garantía real mueble con la transmisión en garantía, pueden exponerse las distintas clases de garantías de crédito en el siguiente orden:

Fianza.

Cesión de derechos de crédito y de otros derechos.

Pignoración de derechos de crédito y de otros derechos.

Garantía real inmueble.

Garantía real mueble.

Transmisión en garantía.

a) Fianza

Por fianza se entiende la aceptación de una obligación junto a un deudor principal. Este no queda excluido de la obligación porque preste fianza, como quedaría por el hecho de que se subrogaran en su obligación, sino que responde hasta que se extinga la deuda, bien respecto al acreedor o con referencia al fiador en el caso de que este haya pagado por él.

La fianza debe hacerse por escrito[104], a no ser que sea dada por un comerciante en la explotación de su industria[105]. En la práctica no se conocen, sin embargo, fianzas verbales, y es siempre lo corriente, aun entre comerciantes, la prestación de fianza mediante declaraciones escritas.

La obligación derivada del contrato de fianza es de naturaleza accesoria; es decir, está determinada por la relación causal de deuda entre acreedor y deudor.

De aquí se deducen los derechos y obligaciones recíprocas. El fiador responde, dentro de los límites pactados, al acreedor, del cumplimiento de la deuda en su situación actual, exactamente como el deudor; pero sin excusión en tanto que sea fiador solidario. Le corresponden al fiador, por consiguiente, todas las excepciones del deudor, que puede oponer él mismo, aun cuando el deudor, por su parte, haya renunciado a ello, particularmente el derecho de pedir la compensación de un derecho de crédito vencido del deudor contra el acreedor[106].

Además, el carácter accesorio de la fianza le concede el derecho de aplazar el cumplimiento de su obligación, en tanto que la obligación afianzada haya sido impugnada por el deudor principal. El fiador responde por el importe de la obligación principal y por las condiciones contractualmente convenidas, y

104 § 766, *BGB.*

105 § 350, *HGB.*

106 § 770, 2; 768, 2, *BGB.*

además por todos los gastos que correspondan por la denuncia, y particularmente por el ejercicio de sus acciones ante los Tribunales[107].

El fiador está obligado en principio al pago junto al deudor, y después que él, puesto que aquél puede exigir del acreedor que se haga antes excusión en los bienes del deudor, el llamado beneficio de excusión, a no ser que haya proporcionado la fianza como comerciante en el ejercicio de su industria[108], que haya renunciado al beneficio de excusión por la aceptación de la fianza[109], a título de fiador solidario, si la persecución en juicio del fiador se ha hecho extraordinariamente difícil[110], o si la situación patrimonial del deudor, especialmente por la apertura de un concurso, hace aparecer vana toda esperanza de pago al acreedor[111].

Si pagase el fiador al acreedor, se subroga legalmente en el derecho de crédito con todos los derechos, especialmente con las garantías dadas (*cessio legis*). Si, por consiguiente, además de la fianza se hubiesen constituido prendas o hipotecas, podrá el fiador exigir la entrega o la cesión de la acción, en tanto que aquéllas no respondan al acreedor por otras obligaciones del deudor o de un tercero[112].

Este derecho de subrogación legal del fiador en los derechos de crédito está limitado tan solo por el precepto del § 774 *BGB.*, que dispone que la subrogación no podrá invocarse en perjuicio del acreedor.

En la práctica tiene esto importancia en los casos de pago parcial al acreedor, y, por tanto, de subrogación parcial de derechos por el fiador, pues entonces los derechos del fiador quedan postergados a los del acreedor.

A los derechos y obligaciones del fiador se contraponen los derechos y deberes del acreedor. El deber del fiador de pagar la deuda corresponde con el derecho del acreedor para exigir este pago; al derecho del fiador de pedir, después de pagar, la transmisión de todas las demás garantías dadas, corresponde la obligación del acreedor de transmitirlas a aquél. Los deberes del acreedor rebasan, sin embargo, estas obligaciones recíprocas. Así, no está autorizado el acreedor, por ejemplo, a renunciar a un derecho de preferencia conexo con el derecho de crédito o a prescindir de una garantía dada, en cuyo caso podría el fiador, en virtud de la *cessio legis,* pedir indemnización al acreedor después de haberle pagado; y si lo hiciere, pese a lo dicho, quedaría el fiador libre, en cuanto a la fianza, en la cuantía de lo condonado[113]. Las obligaciones del acreedor van todavía más lejos. Así, aunque debe reconocerse

107 § 767, 2, *BGB.;* pero solo responderá por los intereses de un crédito, igualmente que por los intereses de demora y judiciales en tanto que él conociese la rentabilidad de la deuda o hubiese debido saberlo. Comp. STADB, § 349, nota 12; así como *RG.,* en RECHT, 1922, número 451. Por los intereses pendientes responde el fiador, pero no ilimitadamente, sino solo por aquéllos desde el último cierre de cuenta. (RG., 12-12-1921, en *B. A.,* XXI, 386.)

108 § 349, *HGB.*

109 § 773, núm. 1, *BGB.*

110 § 773, núm. 2. *BGB.*

111 § 773, núms. 3 y 4. *BGB.*

112 Comp. *RG.,* 21-11-1916, en *B. A.,* XVI, 249.

113 § 776, *BGB.*

que no existe en la ley precepto alguno según el cual deba el acreedor cuidar de los intereses del fiador, especialmente en caso de acción judicial, está, sin embargo, obligado, en virtud de la buena fe, a no perjudicarle ni culposa ni dolosamente. Deberá, por tanto, al ejercer sus acciones contra el deudor principal, no proceder con una ligereza que pueda comprometer el resultado y le obligue a dirigirse contra el fiador[114]; de lo contrario, quedaría el fiador libre de su obligación de fianza[115].

El acreedor no está obligado, además, a informar al fiador de las relaciones de crédito existentes entre él y el deudor o de la situación patrimonial del deudor; sin embargo, deberá comunicarle aquellas circunstancias de las que supiera o debiera saber que hubieran sido de importancia definitiva en la decisión del fiador sobre la prestación de la fianza. En todo caso, no deberá ocultarlas culposamente o darle informes equivocados[116].

El límite entre la obligación del acreditante de guardar el secreto bancario y los deberes que, en virtud de las indicaciones anteriores, le obligan frente al fiador, es con frecuencia tan estrecho, que difícilmente se pueden evitar colisiones de intereses, situaciones que deberán ser consideradas naturalmente por la jurisprudencia.

Mediante el contrato de fianza debe asegurarse el cumplimiento de una obligación de un tercero. La ley no indica de qué naturaleza ha de ser la obligación, y, por consiguiente, podrá garantizarse, mediante un contrato de fianza, cualquiera, con tal de que se trate de una obligación jurídicamente válida. Será, pues, nula la fianza dada, por ejemplo, por una deuda resultante de un acto contrario a las buenas costumbres o de una operación de Bolsa o término no permitida; será válida si se presta por una deuda futura o condicionada, e igualmente por un crédito de cuantía variable. Tal es la fianza de suma máxima, pues, si en virtud del acuerdo de las partes valdrá la fianza hasta una suma máxima de X marcos, está dicho al mismo tiempo que el crédito afianzado puede ser variable, como, por ejemplo, es el caso ordinario en el crédito de cuenta corriente, o cuando el fiador quiere y debe responder por la cuantía actual del crédito y nunca por menos de X marcos[117]. De acuerdo con la esencia de semejante acuerdo y del crédito asegurado de tal forma, puede este ser reembolsado temporalmente y nuevamente utilizado sin que la fian-

---

114 § 242, *BGB*. Comp. RG., 22-11-1915, en B. *A.*, XV, 427: Debe tratarse siempre de un modo de actuar imprudente o negligente del acreedor; si este consintiera, por ejemplo, un convenio en el concurso del deudor por un 60 por 100 (§ 193, *KO.*) *y* demandare al fiador por el 40 por 100 restante, no podrá este negar la prestación, en virtud del§ 242. *BGB.*, con el pretexto de que el acreedor ha renunciado espontáneamente a dicho 40 por 100; cuestión de hecho, que solo puede decidirse en atención a los motivos y la naturaleza de la conducta del acreedor, es la posibilidad del fiador de negar la prestación si el acreedor no hubiese consentido el convenio y este no hubiese podido por ello llevarse a efecto (§ 182 *KO*), habiendo llegado a ser los dividendos de la quiebra considerablemente menores que las cuotas ofrecidas en el convenio.

115 *RG.*, 65, 163; STAUB, § 349, nota 33.

116 Comp. *RG.*, 7-2-1921, en *B. A.*, XX, 228.

117 *JW.*, 1913, 642; WARNEYER, 1913, núm. 289.

za se extinga por estos pagos intermedios[118]. Tal fianza valdrá también para créditos futuros.

El deudor en cuyo beneficio se ha dado la fianza debe ser mencionado en el documento relativo a ella. También pueden garantizarse, mediante la misma fianza, las obligaciones de varias personas o de personas jurídicas y naturales, por ejemplo, las de un comerciante y las de su firma; pero ello debe deducirse del texto del documento o de la voluntad de las partes[119].

La ley y la práctica conocen todavía algunas formas especiales de fianza a la que deben de aplicarse analógicamente los preceptos legales. A saber:

Se habla de una fianza colectiva cuando varios afianzan la misma deuda. Responden como deudores solidarios, es decir, cada uno responde por la prestación total. El acreedor no puede obtener más que un solo pago, competiéndole la elección del fiador y la división de la deuda[120]. Es recomendable hacer suscribir a los fiadores colectivos el mismo documento. Existe una fianza de déficit o descubierto si solo se da por aquella parte de la deuda sobre la que no existen otras garantías o por aquella en que quedaría al descubierto el acreedor en caso de incapacidad parcial del deudor principal. En este último caso se asemeja la fianza de descubierto, si no formalmente, sí por el resultado con una fianza no solidaria.

La garantía o afianzamiento de venta tiene como finalidad librar de la molestia de la venta a un acreedor asegurado con hipoteca. Llegado el caso de la ejecución forzosa ante el incumplimiento de la obligación de garantía, puede el acreedor o vender la hipoteca y exigir del fiador que se haga cargo del inmueble gravado con la hipoteca, o subastar el inmueble sin enajenar la hipoteca y pedir al fiador que se encargue del inmueble y le inscriba nuevamente la hipoteca[121].

La fianza concluye con la extinción de la obligación para la que fue constituida o con el transcurso del tiempo por el que se dio, a no ser que el acreedor

118 *JW.*, 1911, 447. Sobre si se trata de un crédito variable en cuenta corriente, o, como dicen los textos de las declaraciones de garantía usuales en los Bancos, de un crédito corriente, solamente puede ser decidido por la naturaleza de la relación de negocios existente entre el Banco y el cliente; pero si hubiesen pactado un crédito de cuenta corriente en oposición con un préstamo fijo, demuestran y quieren ambas partes que el crédito puede ser amortizado y nuevamente renovado sin que por ello deban modificarse las condiciones pactadas y, por lo tanto, las garantías constituidas; el fiador no puede una vez reembolsado y utilizado nuevamente, invocar el § 767, *BGB.*, según el que una operación jurídica ha sido realizada por el deudor después de la asunción de la fianza, no quedando ya obligado; la fianza no se extinguiría por la devolución del crédito de cuenta corriente, lo mismo que no se amplían las obligaciones del fiador por una nueva disposición del crédito.

119 El Tribunal del Reich en Warneyer, 1913, núm. 289, deduce de la declaración que la fianza que ha sido dada en beneficio del señor X., de la firma Y., responderá también por los créditos que hayan sido concedidos a dicha firma.

120 §§ 769, 421, *BGB.*

121 *RG.*, 23-11-1917, en *B. A.*, XVII, 172.

haya demandado al fiador antes de la expiración del tiempo[122]; pero no se extingue, por el contrario, por la muerte o la quiebra del fiador, del deudor o del acreedor.

El fiador quedará, además, liberado de la fianza cuando el acreedor haya renunciado a algún derecho de preferencia o de prenda en relación con la obligación[123]. Si la fianza no hubiese sido concedida por un plazo determinado, podrá el fiador denunciarla. La ley no dice nada sobre ello; sin embargo, puede deducirse de la voluntad presunta de las partes, puesto que es imposible que por parte del fiador exista la intención de responder sin limitación de tiempo, sin consideración al desarrollo de la situación económica de la fianza[124]. Esta denuncia solo debe pronunciarse, aparte de los casos del § 975 del *BGB*[125], después del transcurso de un plazo adecuado, contado desde la prestación de la fianza y mediante la concesión de un plazo conveniente, en que el acreedor puede dar los pasos para el ejercicio de sus derechos contra el deudor y el fiador[126]. Una rescisión sin plazo, en cualquier momento, no es admisible, puesto que implicaría un perjuicio del acreedor, que precisamente debe ser evitado por la prestación de la fianza, y que contradiría la esencia de la misma como un medio de protección del acreedor. Si no se hubiese determinado en el contrato de fianza el tiempo por el que la misma debe tener valor, pero sí se indicó un fin para cuya obtención ha sido concedido el crédito asegurado, no podrá denunciarse la fianza antes de la realización de dicho fin, porque tal rescisión contradiría los correspondientes acuerdos entre las partes; por el contrario, sería posible si la realización de dicha finalidad llegó a ser imposible[127]. Del mismo modo que asiste al fiador el derecho a la denuncia, puede también solicitar su liberación de la fianza; no se concibe que el fiador quede obligado con el deudor mientras quede libre frente al acreedor[128]. La fianza no se extingue, además, por la liquidación de la cuenta corriente en la que se incluyó la obligación afianzada, sino que subsiste mientras que en el saldo está contenida dicha obligación[129].

---

122 Las fianzas obtenidas por los Bancos contienen, en consecuencia, para excluir un largo plazo de espera con arreglo al § 777, la condición de que el Banco quedará libre de la fianza en el caso de no haber sido demandado hasta la fecha del transcurso. Por una fianza dada en el sentido del § 777, *BGB.*, no es, sin embargo, necesario que el «tiempo determinado» se fije con arreglo al calendario; se deduce también del contenido de la operación principal y de la declaración de fianza, que tan pronto el importe de la deuda afianzada haya vencido y sea exigible estará el acreedor obligado a realizar el derecho y a observar los preceptos del § 777 *BGB.* (*RG.*, 107, página 194).

123 § 776, *BGB*. Comp. pág. 76.

124 Aplicación analógica del § 723, 1, *BGB*. Véase, además, el § 132, *HGB*.

125 El § 775 solo tiene preferencia sobre los §§ 610 y 621 en cuanto que no presupone un peligro del fiador por el empeoramiento patrimonial.

126 Así también *LZ.*, 1914, pág. 1.127; *JW.*, 1911, 447; Warneyer, 1913, núm. 289.

127 Aplicación analógica del § 726, BGB.

128 § 775, BGB.; *OLG.*, 28, 227.

129 Véase sobre esto *RG.*, 7-12-1907, en B. *A.*, VII, 203, con respecto a los saldos frecuentes; lo mismo que para la fianza se aplica a otras garantías, por ejemplo, la prenda, etc.

Si muere el fiador, la fianza constituirá una obligación de la herencia[130], por la que responden los herederos. Si se declarara en quiebra, la masa responderá del contrato de fianza frente al acreedor. Como en estos casos el derecho de fianza existe indudablemente, pero no precisa que haya vencido, serán consideradas como obligaciones condicionales contra la masa, es decir, que la parte correspondiente no será pagada, sino únicamente retenida y garantizada[131].

Los malos resultados de la práctica —y acabar con dioses la misión principal de los formularios existentes— han inducido a los Bancos a incluir de un modo permanente en las declaraciones de fianza realizadas frente a ellos algunas cláusulas sobre la responsabilidad de los intereses, sobre prestación de garantías por parte del fiador y sobre la subrogación del fiador en la obligación, tan pronto ha pagado al acreedor[132]. Las condiciones generales de negocios no contienen, por el contrario, ninguna indicación de este género, puesto que —completamente en contra de los intereses de los Bancos— la mayor parte de las veces ni son presentadas a los fiadores ni firmadas por los mismos.

Como, según la experiencia, la cuantía del crédito afianzado, a causa de los intereses agregados, excede frecuentemente de la suma afianzada, y el Tribunal del Reich[133] ha señalado en jurisprudencia reiterada la responsabilidad del fiador solamente por los intereses corrientes desde la última liquidación, pero no por intereses de anteriores liquidaciones, en tanto que rebasen la suma de la fianza, se conviene que el fiador ha de responder de tales intereses que por la liquidación han sido sumados al capital y que exceden de la suma de la fianza.

Además, se adopta una cláusula por la que se autoriza al Banco a exigir al fiador el aseguramiento del crédito afianzado, aun antes del vencimiento de la obligación principal, y por ella el fiador está obligado a proporcionar esas garantías, si se le requiere. Igualmente se atribuye al Banco el derecho a utilizar a su arbitrio las garantías proporcionadas por el deudor y los derechos de preferencia, o también renunciar a ellos[134]. No está obligado a dar cuentas al fiador sobre la aplicación y enajenación de tales objetos patrimoniales. Puesto que los preceptos de los §§ 772 y 776 del *B. G. B.* han sido concebidos en beneficio del fiador, debe corresponderle el derecho a renunciar libremente a estas cláusulas beneficiosas, y no podrá posteriormente impugnar esta renuncia como contraria a las buenas costumbres.

Por la *cessio legis* pasan todos los derechos del acreedor al fiador tan pronto como este paga a aquél. Esto puede repercutir desfavorablemente sobre el acreedor, cuando el deudor ha excedido el crédito garantizado y se declara en quiebra. En el último caso, puede solicitar el acreedor la inclusión en la masa del importe total de su derecho de crédito, y en el caso de insuficiencia quedará indemne, dirigiéndose contra el fiador en los límites de la fianza. Pero si el fiador le hubiese pagado con anterioridad, solo podrá reclamar de la

130 § 1.967, BGB.

131 §§ 3, 67, 168, núm. 2, *KO.*

132 KOCH-SCHÜTZ: *Formularbuch,* 123 y 124.

133 Comp. *RG.,* 12-12-1921, en *B. A.,* XXI, 386.

134 § 772, 2; 776, *BGB.*

masa aquella cantidad en que el deudor hubiese sobrepasado a la fianza, con lo que su situación es posiblemente peor[135]. Para evitar una diferencia de este género se conviene que el derecho del Banco se transmita al fiador tan pronto como aquél haya visto satisfechos el total de sus derechos contra el deudor principal, y que los pagos hechos por el fiador en virtud de la fianza no se reputen como pagos parciales, sino como garantías, con lo que no se produce la *cessio legis*.

En principio, las fianzas dadas a los Bancos son solidarias, por lo que el fiador renuncia a los derechos de preferencia que le corresponden en virtud de los §§ 771 y 772. Es discutible si puede renunciar el fiador también a hacer valer por su parte las excepciones del deudor, en atención al carácter estrictamente accesorio de la fianza[136].

b) Cesión de derechos de crédito y otros derechos

Para el empleo de la cesión de derechos de crédito y otros derechos como medio de aseguramiento del crédito, es mucho más decisiva la situación económica que para la de fianzas y prendas. Cuanto más escasea el dinero y cuanto más largos son los plazos que deban concederse en la vida comercial, tanto mayor será el número de derechos de crédito abiertos en los libros de todos los círculos que intervienen en el comercio y el tráfico, y tanto más frecuentemente se ofrecerá la cesión de derechos de crédito como base para la obtención de créditos. Durante los años de la guerra, en los que existió dinero en abundancia en todas las esferas sociales, apenas si se solicitaron créditos, y en los años de la inflación, en los que, a causa de la desvalorización implicada por aquélla, nadie concedió créditos, salvo, desgraciadamente, los Bancos, desaparecieron casi en absoluto las cesiones de derechos de crédito como medios de garantía crediticia, y tan solo aumentan ahora en atención a las condiciones de pago, que prescriben cada vez plazos mayores. Tal situación no es, en modo alguno, ventajosa, y es indudable que la concesión de créditos garantizados por cesiones de derechos de crédito produce, tanto para el acreditante como para el acreditado, una sobretensión del crédito, que puede provocar un peligro considerable para toda nuestra vida económica. Sería, sin embargo, equivocado rechazar en absoluto por este motivo la cesión en garantía como medio de obtener crédito, pues hay ramas en las que, de un lado, deben concederse largos plazos por parte de los suministradores, y, por otra parte, los compradores no se ponen de acuerdo para hacerse girar, y menos aún para dar su aceptación en pago.

Igualmente sería errónea la condena de la cesión en garantía porque frecuentemente haya sido usada indebidamente para perjudicar al acreedor legítimo mediante ocultaciones patrimoniales ilícitas o para ocultar la situación patrimonial del deudor. Ya he expuesto en uno de mis anteriores trabajos sobre la cesión en garantía[137] que esta debe basarse siempre en un derecho de

135 Véase por ejemplo, en KOCH-SCHÜTZ, pág. 111.

136 § 768, *BGB*. Lo rechaza ENDEMANN, vol. I, § 191, notas 2, 11 y 12; PLANCK, § 768, notas 4 y 9; STAUDINGER, § 768, nota 4.

137 En *B. A.*, XVIII, 155.

crédito jurídicamente válido y necesitado de ayuda, como es el caso corriente en la vida bancaria; pero que no hay lugar para una cesión en garantía donde no se haya realizado un negocio causal digno de protección, ya que aquí falta el supuesto previo. Por consiguiente, puede decirse que, económicamente, la cesión en garantía en la relación interna entre cedente y cesionario concede a ambos un derecho accesorio, es decir, dependiente de la existencia y de la cuantía del negocio causal, mientras que jurídicamente, y en la relación externa entre el cesionario y los terceros, corresponde al primero un derecho abstracto perfecto, en virtud del cual puede, como antes el cedente, hacer valer independientemente todos los derechos sobre el derecho de crédito cedido. Teniendo en cuenta este derecho jurídicamente abstracto, pero accesorio económicamente, se designa la cesión en garantía como cesión fiduciaria para expresar así la relación de confianza existente entre el cedente y el cesionario, con arreglo a la cual competen jurídicamente al cesionario más derechos de los que él puede pretender económicamente, estando por ello obligado a no hacer valer sobre la cesión más derechos de los que requiera su acción sobre la relación causal. No significa esto que tal relación sea una cesión aparente o un apoderamiento para el cobro, sino que en la cesión en garantía obtiene jurídicamente el cesionario, igualmente que en la cesión para el pago, la misma posición jurídica que tenía el cedente.

Sin embargo, se distingue de esta última porque la cesión en garantía se hace como pago subsidiario[138], pero no en lugar del pago, y, por consecuencia, no se produce la novación, conforme a la cual el derecho al crédito causal queda extinguido por el derecho de crédito cedido. De la pignoración se distingue la cesión en garantía en que esta es jurídicamente válida antes de la comunicación al deudor, mientras que la cesión ya se verifica con el acuerdo aformal entre el cedente y el cesionario, y en que el ejercicio de los derechos del acreedor pignoraticio está sometido a una serie de restricciones que no tienen aplicación a la cesión[139].

La finalidad de la cesión en garantía es garantizar un derecho de crédito mediante otro ya existente, de tal modo que, junto al derecho de crédito contra el cedente (acreditado), actúa otro contra un tercero deudor del cedente, reforzando así la posición del acreditante. Se trata, por consiguiente, de la garantía de un crédito personal mediante una acción personal más amplia, que la mayor parte de las veces no está cubierta de un modo real. El derecho de crédito del cedente sobre el tercero deudor queda así en cierto modo se-

---

138 § 346, *BGB*. Vease FISCHER: «Das problem der Identitat und Neuheit», pág. 32 y ss.

139 El Tribunal del Reich expresa del modo siguiente la diferencia entre pignoración y cesión en garantía, en *RG.*, 91, 279: La cesión en garantía no es, jurídicamente, una pignoración. Sin embargo el derecho constituido por la cesión en garantía no representa solo económicamente el lugar de un derecho de prenda, sino que muestra también, en un sentido jurídico, rasgos próximos al derecho de prenda. El derecho cedido no separa definitivamente del patrimonio del cedente, sino que solo debe servir, así como el derecho de prenda, para garantizar al acreedor su derecho y aquél solo puede retenerla en tanto que esta finalidad lo requiera. Esto ha llevado a la Jurisprudencia del Reich a considerar que en la quiebra del acreedor debe tratarse al cedente como poseedor de un derecho de separación, mientras que en la quiebra del cedente el acreedor no tiene un derecho de esta naturaleza.

parado de su patrimonio e ingresa en el del cesionario, para dar una garantía al derecho de crédito del cesionario contra el cedente; resulta, por tanto, una situación semejante a la de la transmisión en garantía.

La cesión en garantía, como la cesión con el fin de pago [*dación de un crédito en pago*], no está sujeta a determinados preceptos formales, y, en general, tienen aplicación, sin modificación a la cesión en garantía, las normas legales sobre la cesión (§§ 398 y siguientes del *BGB.*). Puede efectuarse, pues, sin formalidades entre el cesionario y el cedente, a no ser que la ley prescriba otra cosa, como, por ejemplo, en la cesión de derechos hipotecarios[140]. Generalmente se adopta la forma escrita, en la que la cesión individual de cada nuevo derecho escrito puede ser sustituida por un pacto general de cesión de derechos de crédito, con arreglo al cual el conjunto de los del cedente, que han sido entregados al cesionario, por ejemplo, para su cobro, se reputan con simultaneidad como cedidos; e igualmente puede deducirse la voluntad de cesión de actos concluyentes, como, por ejemplo, el endoso de títulos a la orden[141]. Además, es aconsejable en la práctica para el ejercicio de los derechos del cesionario que se haga dar simultáneamente con la cesión anterior la notificación escrita del cedente a los terceros deudores. Esta notificación no es necesaria para la validez de la cesión, pero sí para el ejercicio de los derechos cedidos[142].

El cesionario puede, pues, siempre decidir entre hacer remitir la cesión al tercero deudor o solo aplicarla entre sus relaciones internas. Si no se la transmitiera, lo que en verdad constituye la regla en la cesión en garantía, solamente se cumplirá a medias el fin de la cesión en garantía, y el cesionario soportará el riesgo de toda actuación ilegal del cedente con respecto al derecho cedido. Existe, por tanto, una contradicción indiscutible entre la finalidad de garantizar una acción por una cesión y la de no entorpecer el tráfico comercial del cedente, no remitiendo el aviso de la cesión.

Pueden cederse fundamentalmente todos los derechos de crédito, en tanto que su cesión no esté excluida por pacto expreso o no sean embargables, como, por ejemplo, los derechos comprendidos en el § 850 *ZPO.*, sobre salarios mínimos, rentas de invalidez y pensiones[143]. Tampoco pueden cederse los derechos de crédito de naturaleza puramente personal o derechos sobre operaciones que sirven para el cumplimiento de un fin completamente determinado, como, por ejemplo, contratos de préstamo y crédito, a no ser que su cesión se haya admitido de un modo expreso, y tampoco los derechos sobre contratos de préstamos refaccionarios[144]. Pueden cederse los derechos de crédito condicionados y futuros; estos últimos con la limitación de que el crédito

140 §§ 1.154, 1.117, *BGB.*

141 Comp. mis indicaciones en *B. A.*, XX, 249.

142 §§ 410 y 411, *BGB.*

143 Se ha intentado sustituir la cesión de derechos no cedibles por un poder irrevocable; pero este procedimiento es poco práctico porque no tiene efectos frente a terceros, especialmente en la quiebra, y además el apoderado (tomador de la garantía) no puede impedir que el poderdante (otorgante de la garantía) no realice por su parte el derecho. Véase también Koch-Schütz, pág. 120, c.

144 Cfr. pág. 50, el § 399, *BGB.*, dice: Si la prestación no pudiera efectuarse a otro que al acreedor originario, sin modificación en su contenido.

mismo o la acción que se ha de garantizar sea determinada y determinable y que la cesión no vaya contra las buenas costumbres, lo que, por ejemplo, sería el caso si un deudor cediese todos sus derechos presentes y futuros sin obtener por ello una contraprestación al contado o mediante crédito. Contra semejante cesión podría irse posiblemente en virtud del § 310 del *BGB.*, por tratarse de un contrato en el que el cedente transmite todo su patrimonio futuro o una parte fundamental del mismo. De esto se deduce que los derechos de crédito sobre operaciones completamente determinadas pueden ser transmitidos, aunque tales derechos no estén aún numéricamente determinados, y que también pueden afianzarse los créditos variables mediante derechos de crédito, si estos están exactamente determinados en su esencia y cuantía; por el contrario, no sería admisible la cesión de un derecho de crédito futuro con la finalidad de garantizar cualquier importe de un crédito variable en cuenta corriente, puesto que con ello podrían perjudicarse los terceros acreedores del cedente y se provocaría una inseguridad inadmisible en las relaciones con el mismo[145].

Las relaciones jurídicas de las partes entre sí y con los terceros descansan, por un lado, en el principio de la sucesión jurídica ilimitada del cesionario en los derechos del cedente, y, por otro, en la relación fiduciaria existente entre ellos. Por ello está el cedente obligado, ante todo, a proporcionar al cesionario la propiedad plena sobre el derecho de crédito y colocarlo, con respecto a terceros, de tal manera que pueda disponer de un modo pleno y absoluto; además, deberá omitir todo lo que pueda impedir o limitar al cesionario el ejercicio de sus derechos. Con este fin ha de facilitar informes al cesionario sobre su derecho, entregarle todos los documentos que se refieran a este, y no solo aquellos que sean necesarios para el ejercicio del derecho, como, por ejemplo, cédulas hipotecarias, sino también aquellos otros que solo posean un valor probatorio; así, generalmente, los títulos de legitimación[146] que existan sobre un derecho de crédito, como también recibos bancarios y postales o cartas y certificados, siempre que estos puedan proporcionar datos sobre el derecho en cuestión. Además, el acreedor anterior debe proporcionar al nuevo un documento sobre la cesión, pues el deudor tiene derecho a exigirlo a aquél y denegarle el pago en caso de que no se la presente, y deberá legalizar notarialmente el documento a petición y por cuenta del nuevo acreedor. El acreedor anterior responde de la existencia jurídica del derecho de crédito transmitido, lo que tiene menor importancia jurídico-civil que material y posiblemente penal[147] en la cesión en garantía, en la que no se extingue la obligación causal, ya que el derecho se transmite y acepta no en lugar del pago, sino en garantía del mismo. Realizada la cesión en garantía internamente, esto es, sin comunicación al deudor, y si este pagare al acreedor antiguo, estará este obligado, considerado abstractamente, a entregar la prestación al nuevo acreedor, e indudablemente en toda su cuantía, independientemente de la obligación causal y de que la cesión se hiciera solo con un fin de garantía.

145 *RG.*, 22 de noviembre de 1918, en *B. A.*, XVII, 200.

146 Libretas de cajas de ahorro, pólizas de seguros, recibos de caja, etcétera.

147 § 364, *BGB.* Vid. pág. 96.

En la práctica, en virtud del derecho cedido y cobrado, solo pagará al nuevo acreedor lógicamente lo que le debe por el negocio causal —a no ser que esté con él en situación de cuenta corriente—, contestando a la posible exigencia de la diferencia con la excepción de enriquecimiento injusto. Este último derecho le corresponde también si el tercero deudor paga directamente al nuevo acreedor y este se negare a abonarle el sobrante. Suponiendo que el derecho de crédito solo haya sido cedido con la condición de que el cesionario no esté autorizado para cobrarlo y hacerse pagar sobre él, sino solo cuando el cedente no hubiere cumplido sus obligaciones para con él —sobre ello es incontestable la voluntad de las partes, expresada al pactar la cesión en garantía, punto de vista que también representa el Tribunal del Reich[148]—, no se separaría de un modo definitivo el derecho de crédito cedido del patrimonio del cedente[149]; más bien volvería al patrimonio del cedente, tras la satisfacción de la obligación causal, y este no solo se vería asistido por una acción personal para la transmisión del derecho, sino que se volvería a la anterior situación jurídica y sería de nuevo el único titular del derecho, teniendo una acción contra el acreedor nuevo para la devolución de los documentos relativos al derecho de crédito cedido, incluso del contrato de cesión del mismo[150]. Yo creo esta concepción acertada, puesto que, sin estar en contradicción con la ley, que no dice nada en contra de la cesión de un derecho de crédito en garantía bajo condición, se aproxima lo más posible a la voluntad de las partes y porque coincide con el objetivo representado por la cesión en garantía, según la cual, simultáneamente con el cumplimiento de la condición resolutoria, vuelve al dador de la garantía la propiedad sobre el objeto de la garantía[151].

De los deberes del cedente se deducen los derechos del cesionario, y viceversa. El cesionario puede y debe pedir, ante todo, que le sea transmitido el derecho y que se le ponga en situación de ejercitar todos los derechos concernientes al crédito. De aquí se deduce que un pacto, según el cual el cesionario no estuviese autorizado nunca para ejercitar el derecho de crédito frente al deudor o al tercero, contradiría el sentido de la cesión y sería nulo, haciendo también posiblemente nula la cesión misma, si se presume que esta no se hubiera hecho sin este requisito[152]. El contrato de cesión o la voluntad presunta de las partes debe regular cuándo el nuevo acreedor tiene derecho a cobrar el crédito cedido y a hacerse pago con él. Generalmente, el cesionario está auto-

---

148 Cfr. pág. 67, nota 39.

149 En la cesión solamente se adquiere la propiedad bajo una condición resolutoria (§ 158, 2, *BGB.*) [*art.* 1.123 *C. c. español.*].

150 § 952, *BGB.* El Tribunal del Reich en Warneyer, VII, 468, se ha expresado del modo siguiente: La finalidad de garantía afecta, por regla general, solo a relaciones internas entre el cedente y el cesionario, y obliga a este a devolver la cesión a aquél tan pronto como el derecho garantizado ha sido extinguido o la finalidad de la garantía se resuelve de cualquier otro modo. Solamente cuando en la cesión en garantía se ha dado a la finalidad de garantía la significación de una condición suspensiva se extingue con la falta de aquella finalidad y, por consiguiente, también con la extinción del derecho garantizado, según el § 158, 2, *BGB.*, el efecto de la cesión, de tal modo que la pretensión o el derecho recaen sin más en el patrimonio del cedente.

151 Véase pág. 152.

152 § 139, *BGB.*

rizado a hacer efectivo el derecho de crédito cedido como garantía, si ha llegado el vencimiento de la relación causal y no ha cumplido sus obligaciones para con él el antiguo acreedor. El vencimiento de la obligación causal, en este caso de la acción derivada de la operación de crédito, se deduce del contrato de crédito, del que igualmente debe desprenderse, si se necesitara, la concesión de un plazo ulterior para el ejercicio de los derechos sobre el derecho de crédito cedido. Pero si el antiguo acreedor no cumpliera sus obligaciones derivadas de la obligación causal, el acreedor nuevo podría hacer efectivo el derecho cedido sin su cooperación y pagarse sobre él; pero todo ello, en virtud de la relación fiduciaria, solo en la medida en que haya existido efectivamente el derecho principal por el que está obligado a devolver al cedente el posible sobrante que resulte de la realización del derecho de crédito. Aunque el cesionario, por consiguiente, tiene derecho para disponer plenamente *de jure* sobre el derecho cedido con una finalidad de garantía, tiene, sin embargo, una disponibilidad limitada sobre el valor del derecho realizado. Está, además, obligado a mirar por los intereses del cedente en cuanto al mantenimiento del derecho en su estado actual, así como en la realización del mismo; por esto, solo puede decidirse para cada caso concreto si tiene derecho a conceder esperas o aceptar pagos parciales y casos parecidos, y, por otra parte, en qué modo, en virtud del § 823[153] o del § 826 del *BGB.*, resulta responsable frente al cedente de los daños ocasionados por acción u omisión.

Circunstancia de importancia decisiva para las relaciones jurídicas del antiguo y del nuevo acreedor con el tercero deudor es la de que para que sea válida jurídicamente la cesión del derecho no se necesita su notificación a aquél. Puede ocurrir que el tercero deudor carezca de toda información acerca de la cesión del derecho de crédito, y puede reputar acreedor legítimo, tanto antes como después de la cesión, al antiguo acreedor, lo que, como anteriormente ya se indicó, puede estar en la intención de las partes. Se habla en estos casos de una cesión de derecho interna, que, naturalmente, descansa en la más absoluta confianza del acreedor cesionario en el deudor cedente, y que, naturalmente, implica un riesgo considerable para el primero. El antiguo acreedor que realiza el derecho de crédito cedido y que emplea para sí su total valor, sin hacer la menor advertencia al nuevo acreedor, puede ser perseguido criminalmente; pero la protección penal del cesionario, en tiempos económicamente difíciles, es notoriamente poco estimable. En tanto que el deudor no tenga conocimiento de la cesión[154] —lo que deberá probar el nuevo acreedor en el caso de que esto se discutiera—, está autorizado a pagar con efecto liberatorio al antiguo acreedor[155]. En consecuencia, puede compensar frente al antiguo acreedor una obligación con el derecho de crédito, aun después de la cesión, como podía antes de ella, y tiene derecho a hacer la compensación aun frente al nuevo acreedor si cuando adquirió el derecho contra el antiguo acreedor no le había sido comunicada la cesión del derecho de crédito contra

153 El § 823, *BGB.*, no protege los derechos sobre prestaciones como «derechos especiales» (*RG.*, 95, 264), y, por lo tanto, no solo al patrimonio (*J. W.*, 1909, pág. 684, núm. 3).

154 Cómo ha obtenido la noticia, no tiene importancia; ahora, que no debe descansar en ningún caso en el aviso del cedente.

155 § 407, *BGB.* Esto mismo es válido para todo acto jurídico realizado entre el cedente y el tercer deudor con respecto al derecho de crédito antes del condicionamiento de este.

él, y si aquel derecho de crédito, con el que quiere hacer la compensación, no vence antes de que se le haga dicha comunicación ni posteriormente al derecho cedido[156]; frente al nuevo acreedor puede, naturalmente, compensar un derecho de crédito en cualquier momento, en la medida que sea legal la compensación[157]. Si el nuevo acreedor lo comunicase al deudor para obtener la prestación, podrá este negarse a hacerlo en tanto que no se le presente un documento del antiguo acreedor sobre la cesión realizada, sin que, no obstante, la validez jurídica de la cesión pueda ser alterada en algún modo por este deber de notificación[158]. Al deudor le corresponden, además, frente al nuevo acreedor todas las excepciones que pudiera haber opuesto al antiguo, porque no debe quedar en peor situación de la que tenía antes de la cesión[159]. Si el derecho de crédito hubiese sido cedido varias veces por el cedente, acción perseguible como estafa, decidirá el principio de prioridad, por lo que el deudor puede pagar con efecto liberatorio al acreedor que le notifique el primero que ha obtenido la cesión del derecho; el tercer deudor de buena fe estará protegido, por la autorización de pagar, frente a todos los adquirentes anteriores, mientras que el primer cesionario solo tiene una acción, con arreglo al § 816 del *BGB.*, contra los cesionarios posteriores[160].

El derecho de crédito cedido pasa al cesionario con todos los derechos inherentes en su situación actual en el momento de la cesión. A estos derechos pertenecen, por un lado y de un modo inmediato las garantías existentes para el derecho de crédito designadas por la ley; por otro lado, los derechos accesorios[161], como los derechos sobre intereses y a las indemnizaciones de perjuicios. Como tales garantías indica la ley lo mismo hipotecas y derechos de prenda que fianzas. El cedente debe, por consiguiente, transmitir con la cesión estos derechos al cesionario; las hipotecas, mediante cesión; los derechos de prenda mobiliarios, mediante la entrega del objeto de la prenda o la cesión del derecho para su entrega; las fianzas, mediante notificación al fiador de la transmisión del derecho y simultánea entrega de todos los documentos existentes sobre estas garantías. No menciona, por el contrario, el § 401 del *BGB.*, los llamados derechos fiduciarios, de los que se nos ofrece aquí en primer término y en la práctica casi exclusivamente la transmisión en garantía, ya que para garantizar un derecho de crédito que ha sido cedido a su vez como medio de garantía no podría ser cedido ningún otro derecho.

---

156 § 406, *BGB.*

157 El caso que ocurre en la práctica con frecuencia, de que el deudor principal se haga ceder un derecho solamente con el fin de compensarlo con el acreedor principal, no es de este lugar, puesto que no se trata de una cesión en garantía, sino de la compra de un derecho de crédito.

158 § 410, *BGB.*, Cfr. § 411, *BGB.*

159 § 404, *BGB.* La relación entre el deudor y el cedente recuerda las relaciones entre el acreedor y el fiador, al que en virtud de la ley ha sido transmitido el derecho de crédito contra el deudor y en el que no puede invocarse, en perjuicio del acreedor, la transmisión del derecho de crédito (§ 774, *BGB.*).

160 § 468, *BGB.*

161 § 401, párr. 2, *BGB.*; § 62, núm. 3, *KO.* Por el contrario, no pertenece a estos derechos accesorios el derecho de retención (*RG.*, 91, 279).

No debe deducirse de aquí que tales derechos fiduciarios no deban transmitirse con el derecho de crédito y que deba concedérsele un carácter exhaustivo a la cita de los derechos indicados en el § 401; yo creo más bien que si en la época en que se confeccionó el *BGB.* la transmisión en garantía hubiese adquirido ya formas fijas en la práctica, habiendo alcanzado difusión como garantía de operaciones de crédito serias, como ocurre hoy, no se habría hecho tal enumeración o se habría hecho de un modo general, por eso, y aunque no haya acontecido esto último, debe subrayarse que el derecho cedido se traspasa al nuevo acreedor con todos los derechos sin ninguna excepción, y que este adquiere frente al deudor la misma posición que tenía el antiguo acreedor. Particularmente debe gozar de la misma protección para este derecho que la que hubiese sido concedida al cedente, de donde se deduce que, con arreglo al sentido de la ley, se transmiten al cesionario también los derechos fiduciarios que posiblemente existan, tanto más cuanto que económicamente tiene la transmisión en garantía la misma importancia que la pignoración[162]. A esto añade, como nuevo argumento, el Tribunal del Reich (en sus sentencias, vol. 89, 193), que la transmisión de los derechos fiduciarios correspondería a la voluntad de las partes, y que debe aceptarse igualmente que el deudor principal consentiría tal transmisión, que también pudiera fundarse en los §§ 157, 242 del *BGB.* Con el derecho deben transmitirse al nuevo acreedor los títulos de legitimación que sobre él existen, como libretas de ahorro, pólizas de seguros, recibos de Caja[163] que no representan derechos patrimoniales independientes, sino que siguen al documento, pudiendo reclamarse su entrega al antiguo deudor al hacerse la cesión del derecho[164].

Las disposiciones legales sobre la cesión de derechos tienen aplicación del mismo modo al descuento de derechos quirografarios. Por descuento de derechos quirografarios se entiende la cesión de derechos de esta clase por parte del cliente al mismo tiempo que se descuenta una letra girada por dicho cliente a la orden del Banco en la proporción de 6/10 a 8/10 del derecho cedido. Generalmente se trata aquí también de una cesión interna de derecho en la que el Banco mismo y los corresponsales del cedente están garantizados, porque se vigila el empleo del dinero concedido mediante el descuento, que ha de servir ante todo o exclusivamente para el pago de deudas de mercancías o de derechos y salarios que han surgido en la industria del cedente. En todo caso, también se ceden los derechos quirografarios para garantía del crédito del Banco; se trata aquí, por lo tanto, en este caso, de una cesión hecha con carácter de cumplimiento y garantía. No ha adquirido hasta ahora gran importancia en Alemania la institución del descuento de derecho quirografario, y no la alcanzará en tanto se giren y acepten entre nosotros, como medio de pago, las letras sobre mercancías y mientras el Banco del Reich no restrinja el tráfico cambiario con medidas prohibitivas, entre las que se encuentran,

162 Así, también, véase *RG.*, 91, 279, pág 45, nota 3, y página 99, nota 166.

163 § 808, *RGB.* Véase mis estudios sobre el carácter de los recibos de caja, en *B. A.*, XXIV, 116.

164 § 402, *BGB.* La cesión de un derecho cambiario es solamente posible con la entrega del documento, pues los derechos derivados de la letra solo pueden hacerse efectivos con la posesión del título (RG., 88, 2911.

no solo una severa limitación de los contingentes cambiarios, sino también preceptos formales rigurosos.

¿Qué efecto produce la cesión de derecho de crédito en caso de quiebra de las partes? En la quiebra del tercero deudor debe solicitarse la inclusión del derecho por el cesionario, pues este es el titular del derecho. Deberá, también por el mismo motivo, obtener una participación en los dividendos de la masa de la quiebra por cuenta del derecho que sirve de garantía, mientras subsista la relación causal. Si esta última se hubiese extinguido y el derecho volviese al patrimonio del cedente, será este el único autorizado para obtener pago, y podrá y deberá mostrarse como tal frente a los síndicos de la quiebra. En la quiebra del cesionario está el cedente autorizado para adquirir de nuevo el derecho cedido, si paga la obligación causal, con lo que el derecho reingresa en su patrimonio; tiene, por tanto, en cierto modo, derecho de separación, mediante el pago de la obligación causal. Si el derecho de crédito hubiese sido hecho efectivo por el síndico de la quiebra, subsistiendo la obligación causal, tendrá el cedente el mismo derecho de separación con respecto al sobrante[165]. En la quiebra del cedente, el cesionario, como titular legítimo del derecho cedido, si el tercero deudor ha pagado al síndico de la quiebra, tiene derecho a pedir de la masa tanto como sea necesario para cubrir la obligación causal; naturalmente, no más de lo que importa el derecho cedido. También tiene por consiguiente, un derecho de separación sobre la cuantía del derecho de crédito cedido, y no solo un derecho de preferencia, pues el cesionario adquiere con la cesión no solo el derecho de prenda sobre el derecho, sino también un derecho real; está, pues, en la situación del propietario[166]. También en este caso puede el síndico de la quiebra provocar la realización de la condición resolutoria, sobre la que el cesionario ha adquirido el derecho de crédito, mediante el pago de la obligación principal, y reintegrar así automáticamente a la masa el derecho de crédito cedido.

Tienen aplicación analógica a la transmisión de otros derechos los preceptos sobre la cesión de derechos de crédito, en tanto que la ley no prescriba otra cosa. Este último es el caso, por ejemplo, en los embargos realizados según el § 807 de la *Z. P. O.*, y en el aspecto formal en la transmisión de los derechos sobre una asignación[167], así como en la disposición de un coheredero sobre su parte[168]. La cesión de ciertos derechos, como patentes, invención, edición, etc., está regulada por leyes especiales.

---

165 § 46, *KO.*

166 Aun cuando el *RG.*, 91, 279 (Cfr. pág. 67, nota 139) ha manifestado que el derecho fiduciario representa económicamente la posición del derecho de prenda, no es, sin embargo, jurídicamente el cesionario tan solo un acreedor pignoraticio, sino que sus derechos son más amplios que los derivados del derecho de prenda. Así como la cesión no puede obtener efectividad por la notificación al deudor y el cedente puede exigir antes del vencimiento del derecho principal prestación para sí y para el cesionario, así tampoco puede limitarse a los titulares absolutos del derecho a una satisfacción preferente que contradiría la naturaleza jurídica de la cesión; por este motivo, no puedo prestar asentimiento a las manifestaciones anteriores en este sentido de la sentencia del Tribunal del Reich antes citada.

167 § 792, *BGB.*, forma escrita.

168 § 2.033, *BGB.*, en documento público.

Las disposiciones sobre la cesión de derechos de crédito y otros derechos han experimentado en la práctica bancaria, aparte del descuento de los derechos quirografarios, muy pequeñas modificaciones ampliatorias y complementarias. Notable es solo aquel pacto estipulado en las condiciones generales, según el cual, en el endoso de letras al Banco, lo que se hace habitualmente para el cobro, se reputa también cedida al mismo la obligación causal, de tal modo que ni el cliente ni el librado pueden invocar que el Banco que obtuvo el pago por vía judicial tenía solo una autorización de cobro sobre la letra y que no tenía derecho para pedir el cumplimiento de la obligación causal. En algunos ramos del comercio es corriente que el comprador no dé su aceptación por el importe de la compra ni pague al contado, sino que se hace girar una letra a un plazo determinado, y el vendedor transmite por endoso la letra a su Banco, como base de una operación de crédito; esta especie de pago ha adquirido carta de naturaleza, por ejemplo, en Holanda. Con arreglo a la cláusula precedente, el Banco, no solo tiene en su mano la letra, sino que puede, si la letra queda sin pagar, dirigirse contra el deudor, en virtud de la obligación causal que le ha sido cedida por las condiciones generales.

c) Pignoración de derechos de crédito y otros derechos

La pignoración de derechos de crédito y otros derechos tiene en la práctica solo un papel secundario, porque en el tráfico crediticio casi siempre se concede preferencia a la cesión, a consecuencia de la posición libre y clara del acreedor-cesionario en comparación con el acreedor pignoraticio, y apenas existen casos en los que sea posible y legal la pignoración y no lo sea también la cesión. En contraposición con la garantía mediante cosas muebles, en que el tráfico crediticio bancario prefiere la pignoración a la transmisión en garantía, por tener aquí el Banco la facilidad de entrar en posesión de la prenda, tratándose de derechos de crédito y otros derechos, elige generalmente su cesión fiduciaria y no su pignoración. Por regla general, quien decide acerca de la clase de garantía es el acreedor, y no se le puede reprochar que escoja aquella forma jurídica que le coloque en situación más favorable frente al deudor y a terceros y que le ofrezca la posibilidad de realizar la garantía dada del modo más sencillo y rápido para obtener con ello el pago de sus derechos. Esto lo reconoció ya ENDEMANN en su *Tratado de Derecho civil,* aparecido hace veinticinco años, cuando manifestaba: «La transmisión jurídica fiduciaria origina relaciones jurídicas claras y sencillas; por ello es con razón preferida en el tráfico. Su efectividad jurídica no ofrece reparos»[169]. Me limitaré, por ello, a hacer una indicación de las disposiciones jurídicas más importantes sobre la pignoración de derechos de crédito y otros derechos y de sus efectos en la práctica.

La finalidad de la prenda es la misma que en la cesión de derechos de crédito, esto es, la garantía de una pretensión y la autorización al tomador de la garantía para procurarse satisfacción por el importe de su derecho de crédito. El § 1.280 del *BGB.* no dice qué derechos de crédito pueden ser pignorados, pero preceptúa que las disposiciones especiales sobre la pignoración de dere-

169 ENDEMANN, *Sacheurecht,* pág. 939, § 143, I.

chos de crédito solo tienen valor en aquellos derechos para cuya transmisión basta el contrato de cesión[170].

En contraposición a la cesión de derechos de crédito no nace la pignoración solo con el contrato entre el acreedor antiguo y el nuevo (acreedor pignoraticio), sino que debe realizarse la notificación al deudor[171], en tanto que esta no se ha hecho, no existe para el nuevo acreedor un derecho de prenda, sino que solo tiene una acción personal contra el acreedor antiguo para que envíe la notificación y realice la pignoración. Aquélla debe hacerse por el acreedor que constituye la prenda, y no basta en modo alguno una notificación por parte del acreedor pignoraticio o que el deudor[172] tenga noticia de ello de cualquier otra forma. La pignoración debe ser hecha pública frente a terceros; una publicación interna, a semejanza de una cesión de crédito interna, es imposible; motivo importante por el que en la práctica no se realice frecuentemente la pignoración. También en la pignoración de derechos de crédito siguen a la misma los títulos de legitimación[173], y la prenda constituida con solo el documento[174] no produce simultáneamente la del derecho de crédito, no teniendo efecto práctico alguno[175]. Para el acreedor pignoraticio es conveniente, con el fin de evitar una demanda posterior para que se le entreguen los títulos de legitimación, hacerse entregar los mismos en el momento de constituir la prenda y remitirlos al tercero deudor juntamente con la notificación de la pignoración, al objeto de que se haga inscribir la prenda, como generalmente se exige en las pólizas de seguros por parte de la Sociedad, y casi siempre en las libretas de las Cajas de Ahorro por parte de estas.

Si el derecho de crédito se hubiese pignorado válidamente, se debe distinguir en lo que respecta a los derechos recíprocos de las partes si el derecho de crédito garantizado ha vencido ya o no. En este último caso, el derecho de crédito pignoraticio solo puede ser denunciado por el acreedor[176], el deudor solo puede pagar al acreedor y al acreedor pignoraticio conjuntamente, y cada uno

---

170 § 398, *BGB*. Acerca del círculo de los derechos pignorables, según el § 1.280, *BGB.*, véase Planck, § 1.280, nota 2; no pertenecen a estos los derechos por los que existe una hipoteca (§ 1.054, *BGB.*), derechos sobre obligaciones al portador (§ 1.283), derechos derivados de una letra o de otro título a la orden (§ 1.292), derechos derivados de una asignación (§ 792, *BGB.*).

171 §§ 398, 1.280, *BGB*.

172 En contraposición a la cesión de derechos de crédito (§ 407, *BGB*).

173 Comp. pág. 96.

174 Cuya admisibilidad jurídica ha sido además discutida porque no pueden ser portadores independientes de un derecho. Comp. Planck, § 1.274, nota 1, párr. 4; Staub, § 368, nota 1; *RG,*. 28 de septiembre de 1914 en *B. A.*, IV, págs. 90 y 17, 4.1907 en *B. A.*, VII, pág. 142; en *OLG.*, 4, 335.

175 Fundamenta posiblemente un derecho de retención según el § 273, *BGB.*, de modo que la satisfacción del derecho de crédito a que el título de legitimación se refiere, solamente es posible en virtud de un título ejecutivo (§§ 704, 794, *ZPO.*; *RG.*, 17 de abril de 1907; en *B. A.*, VII, 142).

176 § 1.283, 1, *BGB*.

de ellos solo puede pedir el pago mancomunadamente[177]; ambos están obligados a cooperar en el cobro del derecho pignorado[178], y en tanto se trate de una prestación en dinero deben colocar a interés la suma cobrada, con arreglo a los preceptos existentes sobre la colocación de capitales de menores[179]. Si, por el contrario, el derecho garantizado hubiese vencido ya, puede denunciar el derecho pignorado, además del acreedor, el acreedor pignoraticio[180], y el deudor está facultado, por su parte, a denunciarlo frente al acreedor pignoraticio[181] y obligado a pagar solo a él[182], debiendo cuidar el acreedor pignoraticio los intereses del acreedor, pues debe «cobrar de un modo adecuado» y poner el cobro en conocimiento del acreedor sin demora alguna[183].

Salta a la vista que en la práctica será generalmente muy difícil para el acreedor pignoraticio probar indubitadamente el vencimiento del derecho de crédito garantizado al tercero, con lo que puede perjudicarse en el ejercicio de sus derechos y hasta sufrir un daño directo, razón importante que habla contra la pignoración y en favor de la cesión.

Si el derecho de crédito pignorado hubiese sido cobrado y satisfecho al acreedor pignoraticio o a este y al acreedor conjuntamente, la naturaleza de lo prestado determinará los derechos que nacen para el uno y para el otro. Si la prestación consistiese en dinero, en tanto que el derecho garantizado no haya vencido, deberá colocársele lucrativamente, al modo del de los menores; sobre ello se constituirá una prenda en beneficio del acreedor pignoraticio[184]; llegado el vencimiento, aquél podrá cobrarse el importe de su derecho sobre este dinero[185]. Si la prestación consistiera en cosas muebles, adquirirá el acreedor un derecho sobre la cosa[186]; el acreedor pignoraticio, un derecho de prenda. Si la prestación consistiera en la transmisión de la propiedad de un inmueble,

---

177 § 1.281, *BGB.*: Lo mismo que para la pignoración se aplica al embargo de un derecho de crédito, según el § 829, 1, *ZPO.*; también aquí puede solamente el tercer deudor satisfacer conjuntamente al acreedor y al acreedor pignoraticio embargante (RG., 77, 254; 104, 35). Si el deudor dispusiera, por lo tanto, de sus efectos embargados, deberá el Banco, ante todo, procurarse el consentimiento del acreedor pignoraticio embargante; mediante el embargo de la acción reivindicatoria puede el Banco enajenar los efectos del modo indicado en sus condiciones generales, en el tiempo que prefiera y en el sitio que elija, prescindiendo de los preceptos de los §§ 1.237, 1.238, *BGB.*; *RG.*, 25 de junio de 1924, en *B. A.*, *XXIV*, 223.

178 § 1.285, 2, *BGB.*

179 § 1.288, 1, *BGB.*

180 § 1.283, 3, *BGB.*

181 § 1.283, 3, *BGB.*

182 § 1.282, 1, *BGB.*

183 § 1.285, 2, *BGB.*

184 § 1.288, *BGB.*

185 § 1.288, 2, *BGB.*

186 La cosa debe, por lo tanto, encontrarse en su posesión, o en coposesión; por este motivo, el deudor puede prestar solamente al acreedor pignoraticio o al acreedor y al acreedor pignoraticio conjuntamente, pero nunca al acreedor solo. (§§ 1.281, 1; 1.282, 1; E. TZL, *BGB.*) No hay nada en contra de que con el consentimiento del acreedor pignoraticio pueda hacerse la prestación a un tercero y cederle la acción de reivindicación. (§§ 1.205, 2; 870, *BGB.*)

el acreedor se convertirá en propietario del inmueble, que se gravará con una hipoteca de garantía en beneficio del acreedor pignoraticio[187].

Las condiciones generales de los Bancos apenas se ocupan de la pignoración de derechos de crédito. Se limitan tan solo a establecer que todos los derechos del contratante contra terceros y contra el Banco mismo servirán a este como prenda de todos los derechos presentes y futuros.

Disposición que, en mi concepto, es de naturaleza muy problemática, pues en este caso no se haría regularmente a los terceros la notificación de la pignoración. Como las disposiciones de los §§ 1.281 al 1.283 del *BGB.* sobre el cobro conjunto, antes y después del vencimiento del derecho garantizado, así como sobre la denuncia, son de derecho dispositivo, pueden, por lo general, ser excluidas en beneficio del acreditante y pactarse en su lugar que el Banco tendrá derecho, aun antes del vencimiento de su derecho de crédito, a denunciar y hacer efectivas las hipotecas, deudas territoriales o derechos especiales, sin el consentimiento o la colaboración del pignorante y sin previo requerimiento o señalamiento de plazos.

Todavía menos importancia práctica que la pignoración de derechos de crédito tiene la pignoración de otros derechos. El círculo de los derechos pignorables es extraordinariamente reducido, no perteneciendo a él el derecho de propiedad, porque en vez de este puede pignorarse la cosa misma; además, tampoco se incluyen aquellos derechos que se relacionan con inmuebles, y a los que, en consecuencia, tienen aplicación las disposiciones sobre garantía real de inmuebles, como, por ejemplo, el derecho de superficie[188]; tampoco aquellos derechos de crédito que han recibido una regulación especial, ni aun aquellos derechos que no sean transmisibles, ya por acuerdo de las partes o porque se trate de puros derechos personales, que con arreglo a su naturaleza no pueden ser transmitidos, como, por ejemplo, el derecho de miembro de una Asociación, el derecho derivado de un contrato de servicio, el usufructo[189] y otros[190].

Generalmente, los preceptos de la prenda sobre cosas muebles tienen aplicación a la prenda sobre derechos, aunque esta se constituye con arreglo a los preceptos sobre la transmisión del derecho; esto es, que en sustitución del contrato de cesión se ofrece el contrato de pignoración, que está sometido a las mismas disposiciones formales y a idénticas limitaciones que aquél. Si para la transmisión del derecho fuese necesaria la entrega de alguna cosa, como, por ejemplo, de la cédula hipotecaria, en las hipotecas de este tipo[191],

187 § 1.287, 2, *BGB.*

188 § 1.017, *BGB.*

189 § 1.057, *BGB.*

190 Sobre el círculo de los derechos puramente personales no pignorables, comp. PLANCK, § 1.274, nota 3.

191 La cédula hipotecaria no es solamente un título de legitimación, pues la prestación no puede realizarse a todo titular del documento (§ 808, *BGB.*). Tampoco tiene solamente un valor probatorio, sino que posee un valor material independiente, ya que el acreedor adquiere la hipoteca cedular con la transmisión de la cédula hipotecaria (§ 1.117, *BGB.* Comp. sobre la pignoración del título, notas 174 y 175). La legalización de la firma no es

o del título valor nominativo (títulos directos, pero no los títulos de legitimación), se realizará la pignoración mediante el acuerdo del acreedor y del deudor pignoraticio y la entrega del documento. La pignoración de hipotecas, deudas y rentas territoriales por las que no se ha emitido ningún documento, solo es posible, por el contrario, mediante la inscripción de la anotación pignoraticia en el libro del Registro[192]. Es, además, importante que la satisfacción del acreedor pignoraticio sobre los derechos pignorados solo puede hacerse en virtud de un título ejecutivo, precepto que puede modificarse por acuerdo de las partes[193].

En la práctica bancaria, como ya antes se ha indicado, ha tenido escasa acogida la pignoración de derechos, y se ha ocupado de ella solo secundariamente. Solamente en la dación en garantía de hipotecas, deudas y rentas territoriales se ha previsto que, simultáneamente con el contrato de pignoración, se realizara la solicitud para inscripción de la anotación pignoraticia en el Registro y que, correspondientemente, se hará un reconocimiento notarial de la firma.

d) Garantía real inmobiliaria

La garantía real inmobiliaria es, junto con la pignoración de efectos, el procedimiento de garantía preferido y usual en todo el tráfico comercial, ya que, por un lado, la propiedad inmueble posee y conserva un valor fijo sometido al mínimo de oscilaciones, ofreciendo además los preceptos legales sobre el crédito inmobiliario al acreedor una garantía realizable en la que, independientemente de la voluntad del deudor o del tercero deudor, como en la cesión de derechos de crédito, puede hacer efectivo el derecho y procurarse satisfacción sobre el objeto de la garantía. Además, mediante la inscripción de todos los derechos sobre el inmueble en el Registro[194], y por la fe pública del mismo, está garantizado el acreedor contra posibles derechos de tercero no hechos públicos, como, por ejemplo, el derecho de retención del vendedor o la propiedad fiduciaria de un tercero acreedor sobre cosas muebles. En consecuencia, los créditos inmobiliarios son los que, en la práctica, provocan menos litigios, y, por lo tanto, los que menos motivos han dado a los Bancos para completar o esquivar los preceptos legales sobre la garantía real inmobiliaria, que, además, son de derecho coactivo y no susceptibles de modificación por acuerdo entre partes. Por ello, me limitaré a hacer indicación de las características más importantes de la garantía real inmobiliaria y de los derechos y deberes fundamentales que corresponden al tomador y al dador del crédito.

---

necesaria para el nacimiento de la pignoración, pero sí lo es para hacer la inscripción de la pignoración en el Registro.

192 Por lo demás, se aplican a la pignoración de deudas y rentas territoriales los preceptos sobre la pignoración de derechos de crédito (§ 1.291, *BGB.*).

193 § 1.277, *BGB.:* El Tribunal del Reich, en su sentencia de 16 de noviembre de 1929, reputa como inadmisible un pacto previo para vender libremente; sin embargo, es esto erróneo, puesto que los preceptos en cuestión del § 1.277, *BGB.*, no son de derecho coactivo.

194 § 892, *BGB.:* Particularmente, también la aplicación determinada en la que se encuentran los distintos derechos con que el inmueble ha sido gravado (§ 879, *BGB.*).

Finalidad de la hipoteca y de la deuda territorial[195] —la renta territorial no tiene aplicación al tráfico crediticio— es el aseguramiento de un derecho de crédito[196], de tal modo que se conceda un derecho real al acreedor en cuyo beneficio se ha hecho el gravamen del inmueble, gracias al cual pueda procurarse el pago por la ejecución forzosa basada en un título ejecutivo[197]. Sería, pues, contrario a la esencia de la hipoteca y de la deuda territorial que se excluyera la ejecución forzosa mediante el acuerdo de las partes, no de un modo temporal, sino definitivo. La hipoteca se constituye mediante el acuerdo del titular, es decir, de aquél en beneficio de quien se constituye la hipoteca, con la otra parte acerca del gravamen del inmueble y mediante la inscripción de la hipoteca en el Registro[198]. Acuerdo e inscripción son necesarios y suficientes para gravar un inmueble; pero el acreedor no adquiere la hipoteca antes de la entrega de la cédula, a no ser que se haya convenido la no emisión de la misma o que legalmente no deba emitirse; solo con el acuerdo y la inscripción no adquiere todavía un derecho real sobre el inmueble[199].

En la inscripción se anotará el acreedor, el importe del derecho de crédito, el tipo de interés del préstamo y las prestaciones accesorias que posiblemente se convengan. Los libros del Registro dan al propietario la situación, clase y extensión del inmueble gravado. El derecho de crédito debe referirse siempre a una cantidad de dinero e indicarse esta en moneda alemana[200]. Con arreglo a la ley Bancaria de 30 de agosto de 1924 (*RGB.*, II, pág. 235), los billetes se referirán a Reichsmark, y son el único medio de pago con fuerza liberatoria ilimitada, según el § 3, párr. 2, de esta ley; por esto solo deberían inscribirse las hipotecas que versaran sobre Reichsmark. Están, sin embargo, todavía en vigor la ley sobre Hipotecas de valores constante, de 23 de junio de 1923 (*RGBl.*, I, pág. 407), según la cual puede hacerse la inscripción de hipotecas o deudas territoriales, en vez de en dinero, sobre determinada cantidad de trigo, maíz, oro fino u otras mercancías o prestaciones, que se han de determi-

---

195 Las manifestaciones sobre la hipoteca son válidas del mismo modo para la deuda territorial, a no ser que expresamente se diga otra cosa.

196 La nulidad de la hipoteca sobre un préstamo no tiene, como consecuencia, la nulidad de la operación de crédito realizada (*RG.*, 108,. página 150).

197 §§ 1.113, 1.147, *BGB.* La ejecución forzosa se hace en la hipoteca mediante subasta o habilitación judicial (§ 866, *ZPO.*), en virtud de un juicio declarado firme o ejecutable de momento (§ 701, *ZPO.*) o en virtud de títulos ejecutivos especiales (§ 794, *ZPO*); de un modo particular habla el § 800, *ZPO.*: sumisión a la ejecución forzosa inmediata; derecho a la satisfacción preferente en la quiebra (§ 47, *KO.*).

198 § 873, *BGB.*: Proposición, § 13, *GO.*, y consentimiento, § 19, *GO.*

199 §§ 1.117, 1.192, *BGB.*: En principio, se redacta por toda hipoteca ordinaria una cédula (§ 1.116, *BGB.*) que se entrega al propietario del inmueble (§ 60, *GO.*); hasta la entrega de la cédula existe, sin duda la hipoteca; pero solamente como deuda territorial del propietario (§ 1.163), y el acreedor solamente tiene un derecho personal obligatorio para la obtención de la cédula (*RG.*, 77, 106). Si el deudor quebrara, el acreedor solamente tendrá contra la masa un derecho de crédito, pese al pago del importe del préstamo y pese a la inscripción de la hipoteca, en tanto que no haya recibido la cédula hipotecaria o la de la deuda territorial. Comp. también nota 190.

200 § 1.115, *BGB.*; § 28, *GO.*: La cláusula de garantía del curso de la cotización no contradice este precepto (KG., 108, 147).

nar con el consentimiento del Consejo del Reich, con lo que al vencimiento se pagaría su contravalor con arreglo a los precios oficialmente establecidos, y el decreto de 17 de abril de 1924 (*RGBl.*, I, página 415), según el que las hipotecas fijadas en oro fino podrían inscribirse como hipotecas sobre marcos oro; por otra parte, en la vida del crédito existe el deseo, tanto antes como ahora, de prestar capitales sobre la base de valores fijos. Predominan, por todo ello, en la práctica, de un modo efectivo, las hipotecas sobre marcos oro. Además, en virtud del decreto de 13 de febrero de 1920 (*RGBl.*, I, pág. 231), pueden inscribirse las hipotecas en moneda extranjera, pero solo con el consentimiento de las autoridades centrales del país (Ministerio de Comercio, Ministerio de Economía o Gobierno del País), y generalmente solo en favor de acreedores extranjeros; de este último requisito se prescindía en la época de la inflación, cuando se aportaba la prueba de que el importe del crédito había sido pagado por un acreedor indígena en moneda extranjera y si el Banco del Reich no tenía nada que objetar contra la inscripción[201].

No es preciso que el derecho de crédito por el que se constituye la hipoteca exista previamente, pues también pueden inscribirse hipotecas sobre derechos de crédito futuros y condicionados[202].

En el tráfico crediticio no es esto raro, porque, frecuentemente, el deudor puede constituir la hipoteca mientras las deliberaciones están pendientes, para, terminadas estas, poder disponer inmediatamente del importe del crédito. La hipoteca nace, sin duda, inmediatamente, pero no en favor del acreedor inscrito, sino como deuda territorial del propietario, ya que el acreedor no adquiere derechos hasta la concesión del crédito[203].

La hipoteca responde también de los intereses y las costas judiciales: la hipoteca ordinaria o de tráfico, incluso por encima de la cuantía del crédito inscrito[204], por el contrario, la hipoteca de máximo, solo por los intereses hasta la suma máxima indicada expresamente. En las hipotecas ordinarias debe hacerse la inscripción del tipo de interés[205]. No es preciso, de ningún modo, que el tipo de interés inscrito en el Registro coincida con el tipo de interés convenido para el crédito, y en la liquidación de su cuenta no puede el deudor invocar en contra del interés mayor convenido que se haya inscrito un tipo menor y que, por lo tanto, deba este tenerse en cuenta al liquidar. En la operación de crédito, solo se tiene en cuenta el tipo de interés vigente a la sazón,

201 Sobre las hipotecas oro del Derecho suizo, véase el convenio suizo-alemán concerniente a las hipotecas en oro suizas de 6 de diciembre de 1920 (*RGBl*, pág. 2.024), así como la ley de 23 del 6 de 1923, relativa a convenio adicional sobre las hipotecas oro suizas (*RGBl.*, página 284, y *RG.*, 108, pág. 150) de acuerdo con lo que una hipoteca con cláusula de garantía de la cotización en moneda suiza no debe ser forzosamente una hipoteca oro suiza en el sentido de la ley antes mencionada.

202 § 1.113, 2, *BGB.*

203 Comp. nota 199, y *RG* 93, 114. Véase, además, sobre la inscripción de la hipoteca como prestación previa, pág. 48, nota 52.

204 § 1.118, *BGB.*

205 § 1.115, *BGB.*: La inscripción de un tipo de interés en las hipotecas de máximo no debe hacerse, y en el caso de que una inscripción de este tipo hubiese sido hecha deberá cancelarse de oficio (§ 1.190, 2, *BGB.*; *RG.*, 90, 171; PLANCK, § 1.190, nota 3 b β).

que puede oscilar en su cuantía, con arreglo a las condiciones dadas por los Bancos, independientemente de la inscripción o de determinados preceptos legales; pero la hipoteca, y en su caso el inmueble, solo responden por el tipo de interés inscrito, de tal modo que el acreedor no podrá dirigirse contra el inmueble a causa de una deuda mayor por intereses vencidos.

En atención al carácter de la deuda o del lado material de la hipoteca, se distingue entre hipotecas «fijas» o hipotecas de tráfico e hipotecas de seguridad, y por otro lado, en atención al aspecto formal, entre hipotecas inscritas e hipotecas cedulares. Las hipotecas se constituyen por un préstamo cuya cuantía se ha fijado y no está sometido a variaciones, y son la norma general en el tráfico de los Bancos hipotecarios. Para estas es válido el principio de la fe pública del Registro, según el cual el acreedor puede remitirse a la inscripción para la prueba de su derecho; si el deudor niega la inscripción o la cuantía de la obligación, deberá aportar la prueba[206]. En el tráfico crediticio de los Bancos privados predomina la hipoteca de seguridad[207], casi siempre en la forma de hipoteca de máximo. La hipoteca de seguridad se distingue de la hipoteca ordinaria en que el acreedor puede invocar la inscripción en el Registro para la fundamentación de su derecho como tal, pero no puede hacerlo en cuanto al importe. La hipoteca de seguridad es de naturaleza accesoria; por ello, el acreedor solo puede pedir por la cuantía que tenga en el momento el derecho garantizado, y debe referirse al mismo, esto es, a la operación de crédito, para la prueba de la cuantía de sus derechos[208]. La hipoteca de máximo es siempre una hipoteca de seguridad en la que solo responde el inmueble por la suma máxima que ha sido inscrita. También aquí el acreedor solo podrá reclamar sobre el inmueble por el importe actual del derecho garantizado. En principio, por cada hipoteca ordinaria inscrita se emite una cédula[209]; toda hipoteca ordinaria es, por lo tanto, una hipoteca con cédula, a no ser que la emisión de la cédula haya sido excluida por un pacto entre acreedor y propietario. La hipoteca de seguridad es, por el contrario, una hipoteca inscrita en el Registro de inmuebles, no emitiéndose nunca cédula hipotecaria, ni aun a petición de las partes. Estos preceptos tienen importancia, en primer lugar, para la ad-

---

206 §§ 691, 892, 1.138, *BDG.*: Sobre la dilación de la carga de la prueba en perjuicio del acreedor. (Corap. ENDEMANN: *Sachenrecht*, página 270, nota 50). Si se hubiese constituido para un crédito de cuenta corriente una hipoteca de préstamo en lugar de una hipoteca de seguridad, estará obligado el deudor a probar la afirmación de que la hipoteca no existe por todo su importe (*RG.*, 19 del 5 de 1920, en *B. A.*, XX, 199). La hipoteca ordinaria no es adecuada para un crédito de cuenta corriente, porque la cuantía del crédito devuelto deviene deuda territorial del propietario y ya no responde nuevamente por una nueva disposición de crédito.

207 Debe designarse siempre como tal en el Registro (§ 1.184, 2, *BGB.*). Una clase especial de hipoteca de garantía son las hipotecas forzosas o judiciales (§§ 866 a 868, *ZPO.*), lo mismo la hipoteca de construcción, de la que habla el § 27 de la ley de garantía de créditos refaccionarios, que aun no está en vigor.

208 Si el derecho de crédito no existiera ya, no se reputará la hipoteca de seguridad como extinguida, sino que continuará como deuda territorial del propietario. (Comp. pág. 109, notas 198 y 199.)

209 § 1.116, *BGB.* Comp. pág. 109, nota 199.

quisición de la hipoteca con arreglo al § 1.117 del *BGB.*, y para la cesión de la misma, según el § 1.154 del mismo cuerpo legal.

La hipoteca abarca todo el inmueble gravado, con sus frutos, pertenencias especiales, así como las accesiones existentes de la propiedad del dueño del inmueble[210]. Los frutos, pertenencias y accesiones solo quedarán liberados si hubiesen sido separados del inmueble y pasado a la propiedad de un tercero[211]. A la hipoteca corresponden, además, los derechos por arrendamientos y rentas, así como las acciones sobre prestaciones en relación con el inmueble y los derechos contra los aseguradores[212]. Por el mismo derecho de crédito puede concederse una hipoteca sobre varios inmuebles: es la llamada hipoteca solidaria, por la que el acreedor está en situación de procurarse satisfacción total o parcial sobre cada uno de los inmuebles gravados, ya que cada inmueble responde por toda la obligación[213]. Por el contrario, no es admisible la inscripción de varias hipotecas por un conjunto de derechos de crédito; por ejemplo, todos los derechos de crédito del Banco derivados de la relación de crédito celebrada[214]. Ocurre con frecuencia, en el tráfico bancario, que se ha inscrito una hipoteca de máximo para la cuantía primitiva del crédito, y que se hace necesaria una nueva inscripción, a consecuencia de la elevación del crédito. En este caso es siempre conveniente hacer inscribir una deuda territorial por el nuevo crédito, siendo indiferente que se trate de un nuevo gravamen sobre el inmueble ya hipotecado a favor del acreedor, o de un nuevo inmueble[215], ya que la deuda territorial, en oposición a la hipoteca, no especifica el derecho de crédito que se ha de asegurar, y, por lo tanto, no existe el riesgo de que se hayan constituido varias hipotecas por el mismo derecho.

El acreedor puede utilizar prácticamente los derechos de garantía que le han sido concedidos por la hipoteca, de tal modo, que prorrogue el vencimiento, rescinda la hipoteca y, en caso de falta de pago, se procure satisfacción mediante la ejecución forzosa sobre el inmueble[216]. La ejecución forzosa se efectuará por subasta o administración judicial. En tanto que el acreedor no haya encontrado satisfacción con el inmueble gravado, responderá personalmente el deudor con todo su patrimonio particular. El acreedor está, sin embargo, autorizado para ceder el derecho de crédito asegurado hipotecariamente a un tercero y hacerse pago de aquél con el contravalor. Con el derecho de crédito se transmite al nuevo acreedor la hipoteca: ambos forman una unidad inseparable, de modo que ni el derecho de crédito sin la hipoteca ni la hipoteca sin aquél pueden transmitirse.

---

210 § 1.120, *BGB.*

211 §§ 1.121, 1.122, *BGB.*

212 §§ 1.123 y s., 1.126, 1.127 y ss., *BGB.*

213 § 1.132, *BGB.*

214 Sentencia del Tribunal Cameral, de 26-1-1916. JOHOW: *Jahrbuch,* volumen 49, pág. 22, y Tribunal Cameral, de 15-12-191, en *B. A.*, XXI, 221 y ss.; SCHÜTZ: Ibidem, XX, núm. 14.

215 Véase KOCH-SCHÜTZ: *Formularbuch,* pág. 92 y ss.; si el propietario no quisiera la inscripción de una deuda territorial, podrá también inscribirse una segunda hipoteca de garantía; sin embargo, debe expresarse claramente la relación de responsabilidad. (Véase *Formularbuch,* pág. 100.)

216 §§ 1.141, 1.147, *BGB.*; § 704 y s., § 866, *ZPO.* Comp. pág. 109,. nota 197.

La cesión de un derecho de crédito garantizado con hipoteca para la que se haya emitido una cédula hipotecaria, se efectúa por una declaración escrita de cesión y la entrega de la cédula hipotecaria; pero si se trata de una hipoteca inscrita, será preciso, además del acuerdo, que se inscriba la declaración de cesión[217]. Estos preceptos se aplican por igual a la hipoteca ordinaria que a la de garantía o seguridad y de máximo, para esta, sin embargo, con la especialidad de que el derecho principal puede ser cedido, según las reglas de la cesión de derechos, aun sin la cesión de la hipoteca[218].

No es rara, en el tráfico bancario, la llamada hipoteca al portador o la hipoteca de títulos valores, que sirve para asegurar derechos de crédito derivados de títulos al portador, letras o títulos valores a la orden. La hipoteca se verifica por la propuesta de inscripción hecha solo por el propietario en beneficio del actual tenedor de los títulos valores, en tanto se trate de títulos valores al portador, o a nombre del primer acreedor designado en el título, si se tratara de títulos valores a la orden. La hipoteca es en todo caso hipoteca de seguridad, aun cuando ello no haya sido indicado en el Registro. Para facilitar las relaciones del acreedor y del deudor, especialmente con el Registro, se nombra con frecuencia un representante de todos los acreedores actuales, que igualmente debe ser inscrito nominalmente. Este representante tomará las medidas correspondientes sobre la hipoteca en nombre de dichos acreedores y con validez frente a los posteriores[219].

Los preceptos sobre la hipoteca se aplican, salvo raras excepciones, a la deuda territorial[220]; se la puede designar, por tanto, como hipoteca sin obligación causal. Los preceptos especiales sobre deuda territorial no tienen significación alguna para operaciones de crédito, en tanto que no sean de los mencionados anteriormente, aparte, probablemente, el precepto de que el capital de la deuda territorial vence después de un plazo de denuncia de medio año que compete al acreedor y al deudor; pero este pacto puede ser excluido mediante acuerdo entre las partes[221].

---

217 §§ 1.153, 1.154, *BGB.*

218 §§ 1.184, 1.190, *BGB.*: La cesión de una hipoteca de máximo no presupone la determinación previa de la cuantía del derecho de crédito garantizado (Endemann *Sachenrecht,* § 131, nota 16; Planck, § 1.190, nota 5a-c); pero la hipoteca de máximo cedida responde solamente por la obligación del antiguo acreedor, no por las nuevas del nuevo acreedor. Aun cuando se reconozca que el derecho por el que se ha constituido la hipoteca de máximo puede cederse sin aquella fijación (*aA. OG.,* 18, 184), habrá de fijarse, sin embargo, en la práctica la cuantía después de la cesión, para poder aportar la prueba acerca de en cuanto cumple la hipoteca y en cuanto pasa al nuevo acreedor o en qué medida ha devenido deuda territorial del propietario.

219 §§ 1.187, 1.189, *BGB.*; § 44, *GO.*

220 §§ 1.171 a 1.198, *BGB.*

221 § 1.193, *BGB.*

En caso de quiebra, el derecho de garantía real inmueble, igual que otros derechos de garantía, no se extingue[222], y el acreedor tiene derecho a un pago preferente con los bienes gravados en su beneficio con una hipoteca[223].

En casi todos los establecimientos bancarios existen formularios de solicitud para la inscripción de hipotecas, que en su mayor parte tienen el mismo texto. En estos formularios se prevé, en tanto que se trate de hipotecas de seguridad, que pueden ser transformadas en hipotecas corrientes[224], y en estos casos, así como en la inscripción de cédulas hipotecarias, o se excluye la entrega de cédulas, o el Registro estará obligado a entregar la cédula al acreedor[225], obligándose este a consentir la cancelación de las hipotecas y deudas inmobiliarias preexistentes tan pronto como coincidan en una persona la deuda y la propiedad sobre el inmueble[226]. Para garantizar este derecho a la cancelación es conveniente la inscripción en el Registro de una anotación preventiva, y la solicitud de la anotación se hará por el deudor al mismo tiempo en la solicitud de inscripción de la hipoteca[227]. A menudo los Bancos hacen entrega a las Compañías de seguros, juntamente con la solicitud del deudor, de una notificación de la inscripción hipotecaria hecha en su beneficio, a pesar de que el acreedor está protegido por las disposiciones del § 1.128 del Código civil, en el caso de incendio de edificios[228]. Estos pocos preceptos han bastado hasta ahora para salvaguardar los intereses del acreditante; la inclusión de una cláusula en la que el deudor se somete a la ejecución forzosa inmediata[229] no se utiliza, en general, y demostraría una excesiva falta de confianza en el deudor por parte del Banco.

---

222 La extinción, contra la voluntad del acreedor, de una hipoteca inscrita, y sin que se le satisfaga previamente, no existe en la ley. La hipoteca se extingue solamente si por error ha sido cancelada y ha prescrito la acción del acreedor hipotecario (§ 901, *BGB.*) Puede cancelarse ni no coincide con la situación jurídica real (§ 894, *BGB.;* § 54, *GO.*). Si el acreedor renuncia a la hipoteca no se extingue esta, sino que deviene deuda territorial del propietario; lo mismo decimos si el derecho garantizado ha sido asumido por un tercero como deuda (§§ 1.168, 1.175, 418, *BGB.*). Solamente la hipoteca por intereses pendientes y costes se extingue si se confunde con la propiedad en una misma persona (§ 1.173, *BGB.*) Si el propietario satisface al acreedor, adquirirá este la hipoteca como hipoteca de propietario, a no ser que sea personalmente deudor (§ 1.143, *BGB.*); en otro caso, como deuda territorial del propietario (§ 1.177, *BGB.*). Si el acreedor fuere satisfecho mediante ejecución forzosa, se extinguirá la hipoteca (§§ 1.181, 1.147, *BGB.*).

223 § 47, *KO.*

224 § 1.186, *BGB.*

225 § 1.117, 2, *BGB.* Comp. pág. 109, nota 199.

226 §§ 1.163, 1.168, 1.170, 1.179, *BGB.;* con ello tiene preferencia la hipoteca del acreedor (§§ 879, 880, *BGB.*), con lo que, naturalmente, se mejora la calidad de la hipoteca.

227 § 883, *BGB.;* la anotación preventiva no es apropiada para la garantía de un crédito, porque, pese a ella, puede tropezar con dificultades de inscripción el derecho del Banco. La anotación no es, por lo tanto, adecuada para sustituir a la hipoteca.

228 Esta notificación se hace en consideración a los §§ 100, 106 de la ley de Seguros (*Gesetz über den Versicherungsvertrag*).

229 § 794, p. 5, *ZPO.*

d) Garantía real mobiliaria

La garantía real mobiliaria es el medio de aseguramiento más importante de todo el tráfico crediticio; se constituye sobre mercancías y depósitos de mercancías (independientemente de que se encuentren en posesión inmediata o solo mediata del acreditante y de si este puede disponer de ellos de un modo efectivo o solo mediante títulos de tradición) así como también sobre títulos valores.

Sin embargo, en las operaciones de crédito de los Bancos se efectúa casi exclusivamente sobre efectos cotizables, porque, de un lado, la pignoración de mercancías y de mercancías en depósito tropieza con la dificultad del local, y por otro, porque las disposiciones legales y formales sobre la toma de posesión y la realización del objeto pignorado han dado lugar a un gran número de litigios que a menudo han sido resueltos en contra de los acreditantes que obraban de la mejor buena fe, lo que no ha fomentado el arraigo de la garantía real mobiliaria en la vida económica, que siempre requiere un rápido actuar. En la práctica bancaria se da en numerosos casos, en lugar de la pignoración o la transmisión en garantía de mercancías y depósitos, tanto en el tráfico terrestre como en el marítimo, sustituyendo regularmente en el último los documentos de embarque a la cesión efectiva de las mercancías. La importancia de las disposiciones legales sobre la prenda es realzada, por otra parte, en cuanto se aplica igualmente a las disposiciones sobre el derecho de prenda legal de los comisionistas[230], expedidores[231], almacenistas[232] y porteadores[233], así como a los preceptos sobre prenda legal del Código civil[234] y del derecho de prenda en el embargo. No existe un derecho de prenda legal del banquero por los créditos que ha concedido, sin embargo, y tratándose de créditos bancarios no podrán aplicarse las normas del Código de Comercio sobre la prenda legal del comisionista, sino en cuanto los créditos hayan sido concedidos por el Banco en su calidad de comisionista de los objetos, lo que no es corriente si se trata de mercancías y de depósitos de mercancías, y es excepcional tratándose de efectos. El derecho de prenda, en el tráfico crediticio bancario, está sometido a las disposiciones sobre el derecho de prenda contractual de los Códigos civil y mercantil, en tanto que no sean modificadas por acuerdo entre las partes.

Por derecho de prenda sobre cosas muebles se entiende el derecho de garantía real que sobre una cosa o conjunto de cosas tiene el acreedor de un derecho de crédito, en virtud de cuya facultad puede resarcirse del crédito vencido con la cosa o el conjunto gravado, sin que para ello precise título ejecutivo. El resarcimiento consiste en la ventaja del objeto que sirve de garantía,

230 § 397, *HGB.;* por gastos, comisiones, anticipos y préstamos sobre la mercancía.

231 § 410, *HGB.;* por transporte, comisiones y anticipos.

232 § 421, *HGB;* por gastos de depósito.

233 § 440, *HGB.;* por transporte y almacenaje, aduanas y otros gastos, así como por aquellos anticipos hechos sobre la mercancía.

234 § 559, derecho legal de prenda del arrendador; § 647, del empresario en el contrato de arrendamiento.

que se efectuará con sujeción a determinados preceptos de protección a favor del deudor[235].

El derecho a la enajenación y al resarcimiento constituye una de las características esenciales del derecho de prenda, de tal modo, que su exclusión contractual, como en la garantía real inmobiliaria, es inadmisible y produciría como consecuencia la nulidad de todo el contrato de prenda. Según su naturaleza, es el derecho de prenda —en oposición a los derechos fiduciarios de cesión y de transmisión en garantía— un derecho accesorio que vive y muere con la obligación causal, de tal modo que el acreedor pignoraticio solo puede procurarse satisfacción sobre la prenda en la cuantía de su derecho vencido y garantizado.

Surge el derecho de prenda por el acuerdo, que puede efectuarse sin formalidad alguna, e incluso derivarse accidentalmente de determinados actos concluyentes, que, sin embargo, no deben faltar nunca, y por la entrega de la cosa pignorada.

Esta debe pasar a la posesión inmediata o —en tanto sea poseedor un tercero— a la mediata[236] o la coposesión del acreedor pignoraticio[237]. Nunca podrá permanecer la cosa a disposición del deudor, de tal manera, que no basta una tradición por un *constitutum possesorium*[238]. La buena fe del acreedor pignoraticio con respecto al poder de disposición sobre la cosa pignorada está protegida de la misma manera que en la transmisión de la propiedad[239]. Como en la hipoteca, será norma reguladora entre las relaciones jurídicas de varios acreedores pignoraticios el rango de los derechos de prenda determinado por la época de su constitución, a pesar de que no haya un registro forzoso de prendas[240].

Todo derecho de crédito puede ser garantizado mediante una prenda, siendo esto válido también para derechos futuros y condicionales.

Así, por ejemplo, en el caso de que vaya a abrirse un crédito variable en cuenta corriente[241]. Las obligaciones variables son garantizadas en su cuantía actual; además, la prenda y los frutos obtenidos de ella responden por los intereses del crédito y por las posibles cláusulas penales, así como por todos los gastos que se originen por la denuncia, persecución ante los Tribunales o venta de la prenda[242].

El acreedor pignoraticio tiene también aquí, como en todos los contratos de garantía del tráfico crediticio, no solo derechos, sino también obligaciones,

235 §§ 1.204, 1.228, 1.233, *BGB.*; § 386, *HGB.*

236 Transmisión de la posesión mediata por la cesión de la acción reivindicatoria y la notificación de la prenda al tercero poseedor (§ 870, *BGB.*).

237 §§ 1.205, 1.206, 870, *BGB.*

238 §§ 930, 868, *BGB.*

239 §§ 1.207, 1.208. *BGB.*

240 § 1.205, *BGB.*; véanse las deliberaciones de la dieta de juristas alemanes, 1921 (*Verhandlungen des Deutschen Jurintentages*) y mis estudios en *Warenkredit*, pág. 118 y s.

241 § 1.204, 2, *BGB.*

242 §§ 1.210, 1.212, *BGB.*

estando en relación recíproca con los derechos y obligaciones del propietario deudor. El acreedor pignoraticio está autorizado a resarcirse con la cosa pignorada, llegado el vencimiento de su derecho de crédito, mediante su venta o, en su caso, subasta, sin necesitar para ello un título ejecutivo[243]; está obligado a custodiar la cosa, a administrarla debidamente y a devolverla a su dueño, una vez extinguido su derecho[244]. La posesión de la cosa, en razón al derecho de prenda, no concede derecho, de ningún modo, al acreedor pignoraticio a pignorar a su vez la cosa; sin embargo, entre este y el deudor puede pactarse esta posibilidad. Las normas en defensa del deudor, en el caso de venta del objeto, son, en su mayor parte, de carácter dispositivo; por esta razón, se les excluye, en la práctica, mediante acuerdo, en los créditos bancarios, por lo regular, mediante las condiciones generales[245].

Cuando el acreedor pignoraticio obtiene satisfacción de su derecho, antes de la venta de la prenda, mediante el pago, con el de crédito se extingue el derecho de prenda, y el objeto pignorado deberá ser devuelto al pignorante o al propietario[246]. Estos resultados se producirán también si el acreedor renuncia a la prestación, devuelve la cosa al pignorante o al propietario[247], la transforma, la enajena legítimamente o si se confunden en una persona la propiedad y el derecho: en este último caso no se extingue el derecho de crédito —pero sí el de prenda—, si está gravado con el de un tercero, por ejemplo, un usufructo; mas no se extingue el derecho de prenda si el propietario tiene un interés en su continuación[248]. También puede ocurrir la satisfacción en caso de impago, por la venta de la prenda, que debe efectuarse mediante una subasta pública, o por venta libre si se trata de prenda que posea un precio de Bolsa o mercado[249]. La satisfacción del acreedor puede hacerse de tal modo que ceda su derecho contra el pago a un tercero, con lo que se le transmite el derecho de prenda existente, debiendo entregarle el objeto pignorado. La quiebra del

243 §§ 1.228, 1.233, *BGB*. En oposición con el § 1.147, *BGB*., en relación con los §§ 704, 866, *ZPO*., comp. Planck, § 1.128, notas *a* y *c*.

244 §§ 1.215, 1.218, 2, 1.219, 1.223, *BGB*. El concepto de administración implica la obligación del acreedor de prestar atención a un posible daño de la prenda y a cooperar en el cambio de la prenda expuesta a averiarse (*RG*., 101, 47). Sobre la extensión de la obligación de custodia, *GG*., 103, 171. Venta de garantía de la prenda expuesta a averiarse, §§ 1.209, 1.220, *BGB*.

245 § 1.245, *BGB*. No puede excluirse la subasta pública, la publicación del lugar y tiempo de la subasta y la prohibición de adjudicar cosa de oro y plata entre los metales preciosos; además, ha enseñado la práctica que las llamadas disposiciones de garantía no ejercen siempre una protección al deudor, sino que frecuentemente le perjudican, así como al acreedor, al retrasar el procedimiento. Comp. página 142.

246 § 1.223, *BGB*. por la inclusión de un derecho de crédito garantizado en una cuenta abierta (cuenta corriente), cuyo saldo y reconocimiento del mismo no extinguen el derecho de prenda en tanto que el derecho no esté contenido en aquél (§ 356, *HGB*.).

247 §§ 1.252, 1.253, 950, 2, 1.242, 1.256, *BGB*. Aun cuando solo se trate de una devolución provisional (discutido en cuanto al motivo y finalidad de la devolución); sin embargo, el derecho de prenda puede ser renovado por la transmisión al acreedor pignoraticio. Sobre la extinción del derecho de prenda, comp. pág. 81, nota 129, y *Warenkredit der Banken*, pág. 55.

248 § 1.256, *BGB*.

249 § 1.235, *BGB*.

titular de la prenda no provoca la extinción de la misma, sino que da al acreedor un derecho al pago preferente sobre el objeto pignorado (§ 48, *KO.*).

Si existiesen varios derechos de prenda sobre la misma cosa, solo puede llegar a la venta de la prenda aquél cuyo derecho de crédito líquido haya vencido y que se encuentre en posesión de la misma. El orden de los derechos de prenda es decisivo en este caso. En principio, el acreedor pignoraticio más antiguo tiene derecho, llegado el vencimiento de su derecho, a subastar la cosa, si está en su posesión, sin que un acreedor pignoraticio posterior pueda oponerse a tal subasta[250]; si no estuviere en posesión de la cosa, podrá reclamarla de cada uno de los acreedores pignoraticios posteriores a él[251]. El acreedor pignoraticio posterior en el orden de prelación no puede exigir la entrega de la cosa a uno que le preceda[252]; ahora bien, si quisiera él satisfacerse sobre la cosa, en atención a la prestación que le concierne, antes que lo realice el acreedor que le precede solo será posible hacerlo en tanto que aquél pague a este, adquiriendo así el derecho de prenda con el derecho de crédito y ejecutando posteriormente en razón de ambos derechos[253]. Si, por el contrario, estuviese en posesión de la cosa, podrá él mismo hacerla subastar, y el acreedor preferente adquirirá un derecho de prenda sobre el remate, es decir, un derecho de prenda al pago preferente sobre el remate, en tanto que su derecho de crédito haya vencido.

Mientras que el cumplimiento de estos preceptos legales, de por sí sencillos, produce proporcionalmente pocas dificultades si el objeto dado en prenda es una cosa no consumible y cuya posesión puede ser transmitida fácilmente al acreedor, resulta la situación extraordinariamente complicada en la pignoración de objetos o de mercancías en depósito que sean consumibles y cuya transmisión no se puede realizar, o casi no puede realizarse, porque no se puede conceder, por motivos puramente formales, la facultad de disponer exclusivamente al acreedor, y porque el deudor necesite las cosas pignoradas para la explotación de su empresa. Igualmente difícil y discutido es el problema acerca de si subsiste, y de qué manera, el derecho de prenda si el objeto ha sufrido una reelaboración.

El depósito de mercancías, que no ha sido regulado especialmente, consiste en un conjunto de mercancías o en una pluralidad de cosas[254] cuya pignoración se verifica, de acuerdo con las disposiciones del *BGB.*, sobre la prenda de cosas muebles. El acuerdo de pignorar se configura difícilmente, teniendo en cuenta que en el contrato de prenda, que puede pactarse sin formalidad alguna, pero que debe redactarse por escrito para evitar posteriormente posibles diferencias, deben especificarse exactamente las distintas mercancías, según su género y cantidad, lo cual solo será posible teniendo a mano los libros comerciales sobre índice de depósito y los de entrada y salida de las mercancías, especialmente si se trata de una existencia variable de mercan-

250 § 1.232, *BGB.* Véase § 805, *ZPO.*

251 Inversión del § 1.232, 1, *BGB.*

252 § 1.232, 1, *BGB.*

253 § 1.249, *BGB.*

254 Comp. *Warenkredit,* pág. 60, nota 1.

cías, con la obligación por parte del deudor de completar y de mantener el depósito en un determinado valor. Este último convenio es posible, y el acuerdo se puede hacer de un modo general, refiriéndose a mercancías que se han de agregar posteriormente al depósito pignorado; pero el derecho de prenda nace, entonces, después de la efectiva toma de posesión de las mercancías por el acreedor pignoraticio[255]. Pero es extraordinariamente difícil la transmisión del depósito de mercancías. La toma de posesión inmediata es casi siempre imposible, puesto que el dador del crédito no posee locales adecuados en los que pueda depositar las mercancías, ya que el deudor, por un lado, no estará en condiciones de separar el depósito pignorado del resto de sus existencias, de tal modo, que pueda transmitirse al acreedor la posesión individual, aun cuando las mercancías permanecieran en poder del deudor, y por otro lado, porque necesitaría, con el fin de mantener su industria, tener acceso permanente a las mercancías para venderlas, reponer por otras las vendidas o evitar que se echen a perder[256]. Por este motivo, se ha acudido en la práctica al expediente de que las mercancías permanezcan en el almacén del deudor, circunscribiendo al mismo la coposesión del acreedor, y (según el § 1.206 del *BGB.*), nombrándose un empleado de este como fiduciario para que ejerza los derechos que afectan a los intereses de ambas partes, en lo que se refiere a la administración del depósito; el resultado no ha sido suficientemente satisfactorio, ni práctica ni jurídicamente[257]. Más frecuentes y prácticas son, por el contrario, las prendas sobre depósitos de mercancías que, sin exigir actos directos de administración del deudor, se encuentran en posesión de un tercero; por ejemplo, un expedidor o un almacenista, y en los que pueden constituirse derechos de prenda del acreditante mediante la cesión de la acción de restitución y la notificación al poseedor inmediato[258]. En semejantes casos es frecuente que se hayan emitido títulos de tradición de las mercancías, es decir, conocimientos y cartas de porte o fes de depósito, que deben transferirse conjuntamente, en el caso de pignoración, y que además pueden estar giradas a la orden, en cuyo caso sustituyen en absoluto a las mercancías, de tal modo que la pignoración de estas puede hacerse por la de los títulos de tradición, como títulos a la orden[259]. Esto último no es, sin embargo, frecuente, pues en los créditos sobre títulos de tradición casi siempre son estos transmitidos por un endoso en blanco, sin que se haya estipulado un contrato de prenda, y este endoso en blanco no permite deducir de la voluntad de los contratantes la realización de una pignoración de las mercancías, sino más bien la intención de producir una cesión fiduciaria de la propiedad; esto último no responde solo a la intención del dador del crédito, sino a los intereses de ambas partes,

---

255 Acuerdo general mediante las «Condiciones generales de los Bancos». Véase *Formularbuch*, pág. 10, núm. 12, y pág. 88, Fórmula 94; *Warenkredit*, pág. 54, nota 4.

256 Sobre la misión transitoria de la posesión de la prenda, comp. pág. 131, nota 247, y *Warenkredit*, pág. 54, nota 5; pág. 55, nota 2.

257 Comp. *Warenkredit* págs. 53 y 55, nota 5, sobre los requisitos rígidamente formales, con la finalidad de la constitución, publicación y mantenimiento del derecho de prenda, *RG.*, 2, 1, 1907; en *R. A.*, VI, 198; *RG.*, 1, 7, 910; en *B. A.*, X, 12; *RG.*, 20, 9, 1912; en *B. A.*, XII, 141.

258 *Warenkredit* pág. 53, nota 3.

259 § 1.292, *BGB.*

como ya hemos demostrado repetidamente en anteriores trabajos[260]. Si el objeto pignorado fuesen materias primas o semielaboradas que todavía deban sufrir una reelaboración, queda completamente excluida la posibilidad de su pignoración, si son la misma persona el pignorante y el que ha de reelaborarlos, puesto que es imposible una transmisión de acuerdo con los §§ 1.205 y 1.206, y, por tanto, no puede constituirse la prenda.

En este caso no sería tampoco posible, sin más, la cesión fiduciaria de propiedad, porque por la especificación se extingue el derecho de propiedad, y el especificador llega a ser propietario[261]. Si el pignorante y especificador fuesen personas distintas, no se opondría nada a la constitución de una prenda, y no se extinguiría esta por el simple cambio de posesión del acreedor pignoraticio al especificador, si el § 950, apartado 2, no determinara que, una vez que el especificador ha adquirido la propiedad de la cosa por la especificación, todos los derechos anteriores sobre la cosa quedarán extinguidos con la adquisición de la propiedad sobre la cosa nueva, y, por tanto, se extinguirá el derecho de prenda[262].

La pignoración de depósitos de mercancías y materias semimanufacturadas, como ya he indicado más atrás, es muy poco apta para el aseguramiento de operaciones de crédito, y el acreditante queda obligado a prescindir completamente del depósito como objeto de garantía y a procurarse otras garantías reales o personales, o, a falta de estas, a obtener el depósito o las materias primas mediante una cesión en garantía.

Muy distinto es lo que ocurre con los títulos valores, ya se trate de títulos al portador o a la orden. Estos son el objeto más apropiado y usual para constituir prendas en el tráfico crediticio bancario, porque como la administración y el comercio con títulos valores forman una rama capital de los negocios bancarios, están los Bancos preparados técnicamente para la posesión de los títulos, y porque la realización de los títulos valores puede ser verificada del

---

260 § 363, 2, *HGB.* Sobre ello, mis estudios en *B. A.*, XX, 249; *Warenkredit*, págs. 97, 102 y ss., y *RG.*, 107, 335. No pertenece a los títulos dispositivos el duplicado de la carta de porte, cuyo valor principal consiste en su fuerza probatoria y en el derecho del remitente de retener y disponer de las mercancías (§§ 455, 433, *HGB.*; § 54, 5 y 6; § 64, *EisbVO.*, art. 8.°, con, int. trans. por fc. de 1890. Comp. *Warenkredit*, pág. 76, nota 1; pág. 77, nota 4; págs. 78 y 79; *Formularbuch*, pág. 101 y s.; en la pignoración es necesaria la notificación a los ferrocarriles y al destinatario; responsabilidad de los ferrocarriles por las falsas indicaciones en la carta de porte, *RG.*, 107, pág. 272; el riesgo sobre una falsificación en la carta de porte no lo soporta el acreedor que ha concedido el crédito contra la obtención de documentos, sino el deudor (*RG.*, 10, 1910, en *B. A.*, 297).

261 Sobre esta cuestión, comp. pág. 153 y *Warenkredit*, pág. 119.

262 El derecho de prenda no se extingue porque al reelaborador se le haya transmitido la cosa por el otorgante del crédito como poseedor inmediato, ni por un tercer poseedor, por ejemplo, un expedidor; sin embargo, en todo caso de cambio de posesión debe advertirse al nuevo poseedor del derecho de prenda y advertir al otorgante del crédito de la acción de reivindicación para evitar que el nuevo poseedor, desconociendo el derecho de prenda, entregue el objeto al propietario pignorante o a un tercer adquirente de buena fe (§§ 1.253, 936, *BGB.*). En la devolución al propietario pignorante sin consentimiento del acreedor pignoraticio no se extinguiría el derecho de prenda; pero aquél deberá obtener nuevamente la posesión, e ínterin se aplicará el § 1.253, 3, *BGB.*

modo más sencillo y rápido por los propios Bancos en la explotación de su negocio comercial[263]. Jurídicamente, los preceptos del derecho de prenda sobre cosas muebles se aplican a la prenda sobre títulos valores requiriéndose en los extendidos a la orden, además del acuerdo y de la transmisión del documento, el endoso del mismo. Este último es extraordinariamente raro en proporción al total de títulos a la orden que circulan en la vida comercial en el tráfico crediticio bancario, y menos aún en el no bancario, pues o se trata de acciones u obligaciones nominativas endosables, giradas generalmente en favor del centro emisor, endosadas en blanco por este y entregadas así a la circulación, por lo que un nuevo endoso carece de finalidad y es innecesario, o se trata de letras de cambio o de órdenes comerciales[264], en forma de cheques, y en estos, así como en la tercera clase de los títulos a la orden más frecuentes, los títulos de tradición del § 363, apartado 2 del Código de Comercio, el endoso no tiene efectos pignoraticios, sino que produce una transmisión fiduciaria de la propiedad, a no ser que expresamente se haya pactado la constitución de la prenda.

En la pignoración de acciones de minas, que se cuentan igualmente entre los títulos valores, y a las que, en consecuencia, han de aplicarse las disposiciones sobre la pignoración de títulos al portador o a la orden, se habrá de observar, además, la disposición del § 108 de la ley de Minas, según el cual, el acuerdo para la constitución de la prenda debe formularse por escrito por el deudor y debe ser aceptada por el acreedor pignoraticio[265]. Por el contrario, los títulos de legitimación no son títulos valores, por lo que su pignoración no es posible, según las reglas de la prenda, sobre títulos valores a la orden o al portador; sino que se aplicarán las disposiciones sobre pignoración de derechos de crédito[266]. Especialmente es esto aplicable a los recibos de caja, que son frecuentemente transmitidos y pignorados por los clientes del Banco juntamente con los títulos valores, sin notificarlo al deudor, por lo que no se constituye la prenda[267].

Lo que da valor peculiar a la prenda sobre títulos valores a la orden son las disposiciones legales sobre realización de la prenda. También deben observarse aquí los plazos del Derecho civil y del mercantil, así como ciertas formalidades especiales; sin embargo, no tienen gran importancia, ya que en la práctica se excluyen por lo regular. De gran importancia es la circunstancia de que la prenda no necesita ser subastada públicamente, sino que si se cotiza en

---

263 Una pignoración de títulos valores solamente tiene finalidad si al otorgante del crédito se han transmitido juntamente con los títulos los cupones de intereses y de renovación, porque, de otro modo, no es practicable la realización de los títulos valores; el derecho de prenda se extiende a los cupones de intereses y renovación solo si estos han sido transmitidos al Banco 1.296, 234, *BGB.*); además, se presupone que los títulos valores transmitidos como prenda llevan el timbre alemán o el pignorante se declara conforme con el reintegro posterior.

264 § 363, *HGB.*

265 Comp. *Formularbuch,* pág. 101 y s.; véase también *RG.,* 107, 334, y sobre endoso en blanco de acciones de minas, pág. 144.

266 Comp. pág. 102, notas 173-175.

267 Comp. mis estudios, *B. A.,* XXIV, pág. 116.

Bolsa o tiene precio de mercado puede ser vendida libremente por un agente mediador, es decir, que los títulos oficialmente cotizados y los particulares pueden ser vendidos sin formalidad en Bolsa, sin que esta venta precise reunir carácter exterior alguno de una venta forzosa (ejecución)[268]. Si el título no tuviera un precio de Bolsa o mercado, debe forzosamente ser subastado; pero incluso esta subasta puede realizarse en Bolsa, en el caso de que un agente de cambio haya sido encargado oficialmente para efectuar tales ventas forzosos[269], y en tanto que de semejante subasta se espere obtener un resultado más beneficioso —lo que comúnmente ocurre— que si se hiciera fuera de la Bolsa o en otro lugar[270].

El acreditante tiene derecho a un pago preferente en el caso de quiebra del pignorador. Si el depósito de efectos pignorado al Banco fuese embargado por un tercero, tendrá preferencia aquél sobre el embargante. Mientras subsista el embargo, el Banco no podrá devolver los efectos al cliente o reintegrarle el importe de una posible venta; pero sí puede, aun sin el consentimiento del embargante, vender los títulos y cobrarse su crédito sobre el importe, y está autorizado para realizar esta venta sin observar las disposiciones del Código civil sobre la prenda —en tanto que no sean de naturaleza coactiva—, de acuerdo con las condiciones generales de contratación, puesto que estas no son derogadas por el embargo, y el mismo acreedor embargante tiene que someterse a ellas[271].

Al lado de las prendas convencionales existen en ciertos casos prendas legales para el afianzamiento de créditos. Así, por ejemplo, en los créditos que el comisionista ha proporcionado en forma de anticipos y préstamos en relación con el objeto de la comisión (§ 379, *HGB.*)[272], así como por los anticipos que el expedidor o el porteador hayan hecho en consideración a la mercancía (§§ 410, 440, *HGB.*), pero no por los préstamos concedidos por estos. Es condición precisa que los préstamos y anticipos, si bien estos últimos no son propiamente créditos (véase pág. 60), hayan sido hechos en consideración a la mercancía, y que el comisionista, o en su caso el expedidor o el porteador, tengan todavía la posesión de la mercancía o puedan disponer de la misma, mediante títulos de tradición. La prenda subsiste, entretanto, legalmente, sin necesidad de convenio, sobre las mercancías de que se trata, pero solo sobre ellas.

---

268 El Banco ejecutor puede vender los títulos poco a poco para no presionar la cotización; también puede limitar la venta si se temen fuertes descensos de aquélla, e incluso puede tomar para sí los títulos valores, teniendo solamente que probar que la cuenta de cotización proporcionada por él corresponde efectivamente a la cotización. Sobre el precio de mercado y valores de Bolsa no cotizados oficialmente, Comp. BERNSTEIN en el *Homenaje a Riesser*.

269 En la Bolsa berlinesa la Dirección de Policía designa permanentemente dos Agentes de Comercio para que intervengan en las subastas forzosas de títulos valores negociados sin intervención oficial.

270 § 1.236, *BGB.*

271 *RG.*, 25-6, 1924, en *B. A.*, XXIV, 223. Comp. pág. 103, nota 177.

272 Por lo tanto, también por los créditos del Banco, con el fin de comprar títulos valores que han sido tomados en depósito por el Banco.

Las condiciones generales de los Bancos se ocupan detalladamente de la prenda sobre cosas y títulos valores. Ante todo, se reserva el Banco la rescisión general en cualquier momento del contrato, y, por tanto, el vencimiento anticipado del crédito, y, juntamente con todo esto, el derecho a vender todos los bienes del cliente que tiene en posesión, en el caso de impago. Como segunda condición general, se pacta con el cliente la inclusión en las condiciones generales que todos los bienes del cliente[273] se consideran como prenda por todos sus derechos de crédito. Esto significa, por un lado, que incluso los bienes futuros del cliente responden frente al Banco tan pronto entren en su posesión, y, por otro lado, que los futuros derechos del Banco están garantizados pignoraticiamente[274]. Además, es preceptivo que la venta de la prenda se haga con renuncia de todo el conjunto de disposiciones formales del *BGB.*, en tanto sean de naturaleza dispositiva[275], lo que tiene aplicación particularmente en cuanto se refiere a la conminación de venta de la prenda, al mantenimiento de plazos, al lugar en que debe efectuarse la subasta, la notificación al propietario y al acreedor pignoraticio acerca del tiempo y lugar de la subasta, así como en lo concerniente al pago al contado de la venta. Anteriormente he indicado ya que la exclusión de estos preceptos formales no resulta en modo alguno en beneficio exclusivo del acreditante, sino igualmente en el del cliente, porque un aplazamiento de la venta de la prenda, una vez que la venta forzosa deba hacerse necesariamente, produce, por regla general, pérdidas, además de que aquí coinciden por completo los intereses del dador y el tomador del crédito, puesto que ambos se esfuerzan por obtener el resultado más favorable de la venta. Además, se pacta que no será preciso título ejecutivo para la venta de la prenda; ahora bien, dado que en la garantía real sobre cosas muebles y títulos valores, en general, no se necesita título ejecutivo, tal acuerdo tendrá importancia solo en relación con posibles prendas sobre derechos[276]; la ejecución, forzosa de cosas inmuebles exige siempre un título ejecutivo del que no puede prescindirse por acuerdo entre las partes[277]. El acreditante se reserva, además, el derecho a decidir acerca del lugar y del tiempo para la subasta.

---

273 Como tales se designan en las condiciones generales; títulos valores con cupones e intereses de dividendos y otros derechos de percepción (Naturaleza económica del derecho de percepción *Formularbuch,* pág. 10, nota 43, y *RFH.,* 11, 1, 1824, en el *B. A., XXIII.* 355); letras, cheques y demás títulos, también derechos de crédito contra tercero (Pignoración solamente por la notificación del deudor pignorante al tercero deudor), y aun contra el Banco mismo. Estos títulos sirven, de acuerdo con lo pactado, como garantía por todos los derechos de crédito del Banco, aun cuando hayan sido proporcionados para garantía de determinada operación, por ejemplo: una operación de Bolsa a término. El derecho de prenda debe, además, extenderse al contenido de la caja alquilada al Banco por el cliente, siendo discutido si esto es admisible jurídicamente; en cualquier caso, la coposesión del contenido de tales departamentos solo es posible sobre el contenido de aquellas cajas que están bajo la vigilancia del Banco, es decir, no de los llamados departamentos de ahorro, por ejemplo; al Banco deberá además informársele sobre el contenido del departamento, puesto que difícilmente puede concebirse un derecho de prenda sobre una cosa desconocida. (*Formularbuch,* pág. 10, nota 46.)

274 Comp. pág. 103.

275 Comp. pág. 30, nota 245, § 1.245, *BGB.*

276 § 1.277, *BGB.*

277 Véase pág. 106.

Para títulos valores con cotización será regularmente lugar de venta la Bolsa en la que los títulos fueron admitidos a cotización oficial o libre, y con relación a la elección de dicho lugar existe un deber del acreedor pignoraticio[278], a no ser que no le sea posible obtener en otra plaza un precio más favorable del que se fijó en el día de la venta en aquella Bolsa. Pero aun para aquellos valores que no se cotizan se prefiere la Bolsa misma[279] en las plazas bursátiles para la realización de la venta forzosa, pues la Bolsa, en atención a su organización e instalaciones, es, sin duda, el lugar más adecuado entre todos en el sentido del § 1.236 del *BGB*. En cuanto el tiempo de la subasta, tiene libertad el Banco, de acuerdo con las condiciones generales, y no está sujeto —como erróneamente se supone con frecuencia en la práctica—, en la venta de objetos pignorados, a los preceptos que determina el Reglamento de operaciones de la Bolsa de fondos berlinesa para las ejecuciones forzosas; por lo tanto, no es necesario que se conceda al deudor ya en mora un nuevo plazo de dos o tres días, dentro de los ocho siguientes, debiendo vender forzosamente al día siguiente de expirar este segundo plazo, sino que es completamente potestativo en el acreedor la concesión de un nuevo plazo, transcurrido el cual tiene derecho a vender; pero de ningún modo está obligado a ello[280].

Estos preceptos deben aplicarse igualmente, según las condiciones generales, a los efectos que el deudor tiene en propio depósito, así como a aquellos que le hayan sino anotados en su cuenta de efectos. No podría objetarse en este último caso que el cliente no ha adquirido aún de modo definitivo la propiedad sobre tales efectos, y que, en consecuencia, no podrían ser enajenados sin una previa transmisión de la propiedad[281]. Las condiciones pactadas acer-

278 § 1.236, *BGB*.

279 Véase pág. 139, nota 269.

280 Esta circunstancia no es tenida en cuenta del modo debido por parte de los Bancos, que frecuentemente arriesgan incluso las cláusulas para ellos favorables de las condiciones generales de contratación, porque para conminar al deudor escriben: «Si usted no ha cubierto el importe del crédito que ha tomado hasta el jueves, día a medio día, venderemos inmediatamente su depósito de efectos.» Si en este caso no se vende el depósito el viernes, y la cotización baja en los días siguientes, el cliente podrá pedir la cotización del viernes, sin admitir una cotización inferior; por este motivo es conveniente que el Banco se «reserve» la venta en cualquier momento, una vez transcurrido el plazo, con lo que, de acuerdo con las condiciones generales de contratación, tiene derecho a vender, si conviniere, o a abstenerse de ello. Sobre lo anterior, § 282, *BGB.*: §§ 13, 3 y 14, 1-5; de las condiciones para las operaciones en la Bolsa de fondos berlinesa, §§ 18, 19, de los Usos mercantiles para valores no cotizados oficialmente. Comp. además *RG.*, 13, 12, 24, en *BA.*, XXIV, 269, en el que se determina acertadamente que en el comercio de efectos no se usa en absoluto la concesión de un plazo de ocho días, según el § 1.234, *BGB.*, § 368, HGB.

281 Si el cliente entregara efectos, serán estos sentados en la cuenta de Depósitos o tomados bajo su nombre en un depósito especial. Si comprara los valores en el Banco, serán estos sentados en la cuenta defectos, lo que se aplica de un modo especial si él ha utilizado el crédito del Banco para su compra. Si después de la compra de los efectos no pagare al Banco las cantidades tomadas para ello, tendrá aquél como propietario de los efectos cuatro posibilidades: 1) El Banco puede procurarse satisfacción de los anticipos y préstamos hechos en atención a los efectos comprador y en la medida de los preceptos vigentes sobre derecho de prenda, según el § 398, *HGB.*, sobre los efectos mismos aunque sea su propietario. 2) Puede realizar una venta de los efectos con arreglo al § 373, *HGB.*, si el

ca de garantías reales sobre muebles y títulos valores se extienden, con arreglo a las condiciones generales, a las constituidas sobre acciones mineras del deudor crediticio que se encuentren en posesión del Banco por una cesión plena o en blanco, y sobre ellas ya se subrayó anteriormente que la cesión, así como el endoso, tiene menos significación pignoraticia que fiduciaria[282]. Finalmente, se fija también por las condiciones generales que el acreditante no está obligado a dirigirse directamente contra los valores pignorados para reintegrarse el crédito, sino que está autorizado a satisfacerse sobre el patrimonio general del deudor crediticio, y solo en caso de insuficiencia, a enajenar las prendas, disposición esta que queda excluida por la quiebra del acreditado, porque el acreedor solo puede solicitar pago de la masa para aquella parte del crédito a cuya satisfacción privilegiada hubiese renunciado[283].

De la importancia de la garantía real sobre cosas muebles, y especialmente sobre títulos valores, da idea la serie de disposiciones complementarias incluidas por los Bancos en sus condiciones generales.

f) Transmisión en garantía

La transmisión en garantía o transmisión fiduciaria de la propiedad[284] no es en modo alguno una institución de fecha reciente, aunque la doctrina de los dos últimos años se haya ocupado de ella intensamente y con todo detalle. La frecuencia de su empleo depende, como la de cualquier otro medio de aseguramiento de crédito, de la situación económica existente; en momentos de veloz circulación comercial y de pagos rápidos, en los que la liquidación de las prestaciones de mercancías se hace mediante letras, son, naturalmente, menos precisas las transmisiones en garantía que en aquellos momentos de mala situación de los mercados y de largos plazos de pago, en los que no sería posible al comerciante pagar a los suministradores el importe de las mercancías con medios propios o con el importe de su venta, y en los que las mismas mercancías tienen que utilizarse nuevamente para la obtención de

---

cliente ha sido puesto en mora por el pago del precio de la compra. (Si el Banco no hubiese amenazado al cliente que no paga con la venta en subasta pública de los efectos, no podrá el Raneo enajenarlos libremente, según el § 373, 2, *HGB*,. sino que está obligado a hacer la subasta pública anunciada (*R G.*, 109, 134). Acerca del derecho del Banco para vender los títulos valores no pagados del cliente que no han sido pasado todavía a su propiedad, véase *RG.*, 109, 324 publicada en *BA*, XXIV, 269, 3). Siendo el Banco propietario de los títulos valores no puede adquirir sobre ellos un derecho de prenda; pero como propietario sí tiene derecho a venderlos en cualquier momento sin sujetarse a los preceptos legales relativos a la venta de la prenda; otro modo de opinar sería contrario a la esencia de la propiedad. 4) El Banco puede constituir en la propiedad de los títulos valores al cliente en cualquier momento, poniendo en las carpetas el nombre del cliente (RG., en *BA.*, VII, 157 y 203). Por otra parte, no se opondría nada a la venta de los títulos valores, con arreglo a los preceptos legales sobre la prenda; procedimiento, ante todo, superfluo y nada usual.

282 Comp. en cuanto a sus indicaciones sobre la aplicación de los preceptos del derecho de prenda a la propiedad fiduciaria, la sentencia RG., 20, 6, 23, en *BA.*, XXIII, 9 que se aparta por completo de mi opinión.

283 § 61, *KO*. Comp., no obstante, *Formularbuch*, pág. 11, nota 52.

284 Comp. pág. 85.

créditos, sea mediante la pignoración o, cuando ello es imposible, mediante la transmisión en garantía. En una zona ha adquirido, sin embargo, una cierta importancia, desplazando a la prenda bien y por completo. Nos referimos a los créditos documentarios.

La transmisión en garantía se ha formado, en el transcurso de años, en la doctrina y en la práctica jurisprudencial; pero puede decirse sin disputa que queda y quedará en pie, ya que ha llegado a ser imprescindible en la práctica de la vida comercial. Primeramente, se le hicieron objeciones por motivos económicos; se veía en ella una prenda encubierta, cuya sola finalidad era obscurecer la situación patrimonial del deudor (dador de la garantía) y transmitir a un tercero sus bienes, en perjuicio de sus acreedores. Después se llegó a admitirla con objetos que no fuesen consumibles; pero todavía se objetó contra la transmisión en garantía de depósitos de mercancías, diciendo que por ella se simulaba la independencia económica del dador de la garantía, y, por consiguiente, sus suministradores quedaban colocados en una situación peligrosa ante nuevas entregas. Tales objeciones se han llegado a considerar como insostenibles, pues no se comprende por qué se enturbia más la situación económica del deudor por la cesión de mercancías que por la cesión de sus máquinas, pongamos por ejemplo; además, se ha reconocido con razón que la transmisión en garantía debe descansar siempre en un negocio de crédito. y que, justamente, en la mayoría de los casos, este crédito sirve para pagar a los proveedores sus derechos de crédito por las mercancías[285]. En estos últimos años se ha discutido vivamente la cuestión de la transmisión en garantía en relación con créditos que habían sido concedidos sobre mercancías o materias primas que habrían de ser reelaboradas; pero en esta materia existen una serie de supuestos sobre las que se volverá posteriormente.

En el aspecto jurídico, la transmisión en garantía ha experimentado igualmente una cierta evolución. Jurídicamente se vio en ella en principio tan solo una especie de prenda, y se creyó por ello que debían aplicársele en primer término los preceptos de la prenda y no los de la propiedad; esto se aplicó sobre todo a la venta del objeto en garantía, y se creyó salvaguardar así los intereses del dador de la misma por la aplicación de las disposiciones sobre

285 En consecuencia, resulta completamente incomprensible que SCHULZE-GAEVERNITZ, en su libro *Die Deutsche Kreditbank,* 1922, pág. 88, cuya opinión puede que sea tomada en serio por teóricos y prácticos, afirme que la cesión en garantía constituye un negocio poco limpio sobre el cual cree puede llamar la atención. La práctica bancaria, en la que no se efectúan operaciones sucias, es, desde luego, de distinta opinión, y el gran número realizado de cesiones de garantía de operaciones de crédito (recuerdo nuevamente los créditos documentados), demuestra lo contrario de las opiniones expresadas de SCHULZE-GAEVERNITZ. Doctrina: PLANCK, § 398, nota 1 b); STAUB, § 368, notas 94 y as.; HOENIGER *De Sicherungs Übereilung von Warenlagern,* Mannheim, 1912-; MARCK, *Die Sicherungsübereigung,* Mannheim, 1917; ACKERMANN, *Die Sicherungsübereigung von Warenlagern,* 1919; KOCH, *Die Warenkredit der Banken und seine Sicherstellung,* Jena, 1922; JACOBI, *Die Sicherheit der Bank bei Vorschusserteilung auf rollende Waren* (*en* GOLDSCHMIDT, vol. 80, página 358; HALLBAER, en *BA,* VIII, 325; IX, 337; X, 307; XV, 261; XVII, 202; NEUKAMP ibidem, XV, 113, 134; KOCH, ibidem, XVIII, 26, 155; XX, 249; XXI 92; SCHULZE, *Die Sicherrungsgeschäfte del Kaufmanns, Formulario,* págs. 123 y siguiente.

la enajenación de la prenda[286]. Ahora bien, las enseñanzas de la práctica mostraron que esto no iba ni en beneficio de los intereses del deudor, ni de los del acreedor, y que no se podía violentar la propiedad con las disposiciones sobre la prenda; más aún, cuando las partes podían libremente pactar la sumisión de la venta de la cosa dada en garantía a los preceptos de la venta de prendas. Nuevas dificultades ofrecieron los §§ 930 y 860 del *BGB*. La finalidad propia de la cesión en garantía se basa en proporcionar al acreedor una garantía; pero, simultáneamente, dar al deudor la posibilidad de continuar trabajando con el objeto dado en garantía; este debía, pues, continuar, como antes, en posesión del deudor, y, por consiguiente, la transmisión de la propiedad debía hacerse por *constitutium posessorium*. Constitución de la posesión y posesión mediata eran, sin embargo, posibles tan solo en los casos del artículo 868; este preveía, además de las indicadas expresamente, «relaciones análogas»; no obstante, se creyó que aquí no se podía comprender la cesión, aunque sí la situación de comisión. Así aconteció que todos los antiguos contratos de cesión en garantía, de construcción obligada e incierta, en contradicción con la situación real, designaban al dador de la garantía como custodio, prestamista o comisionista. Contra esto ha protestado con razón la práctica, indicando que el contenido de sus contratos no debe falsearse en consideración a un precepto formal, siendo así que las relaciones económicas exigen el reconocimiento de la transmisión en garantía, cuando se prescinde de una de las situaciones aludidas en el § 868, pero que se exprese claramente en el contrato la verdadera situación de hecho y la voluntad de las partes[287].

Los Tribunales no han creído oportuno adherirse a estas justas peticiones; pero han reconocido que, en interés de la economía, debía comprenderse la cesión en garantía entre las «relaciones análogas» del § 868 y no tengo noticia de que en estos últimos tiempos haya sido declarado nulo ningún contrato de transmisión en garantía porque en él no se hubiese jurídicas designadas expresamente en el § 868 del *BGB*. Así, pues, ha desaparecido también este último obstáculo.

Por anticipado querría advertir ya aquí que una garantía efectiva para el acreedor solamente existe en aquellos casos en los que se puede disponer de la cosa que sirve de garantía; esto es, si le ha sido transmitida de un modo efectivo o se encuentra en situación de disponer de la misma por títulos (conocimientos, fe de depósito o almacenaje, duplicado de cartas de porte, siempre que en estas esté designado como remitente y destinatario)[288]. En todos los demás casos sería preciso, ante todo, demandar para la entrega de la cosa que sirve de garantía, con lo que su derecho al pago se retrasaría notoriamente y llegaría a ser casi ilusorio. Por consiguiente, solo es recomendable esta modalidad en todos los créditos sobre títulos representativos de mercancías y por ello, también, en los créditos de reembolso, y en tanto sea posible la transmi-

---

286 Este punto de vista erróneo fue sostenido por mí en *BA.*, XVIII, 28; pero ya lo rectifiqué en *Warenkredit,* pág. 66, particularmente en la nota 3. Comp., sin embargo, pág. 151, nota 296.

287 Comp. ya en la más reciente edición del *Formularbuch,* fórmula 74. Hallbaner, que fue uno de los primeros en ocuparse de un modo detallado de la transmisión en garantía, indicó ya que se trataba de una necesidad económica.

288 Comp. *Warenkredit,* pág. 79.

sión del objeto que sirve de garantía a la persona a quien se concede esta. Una cesión de muebles no puede admitirse en el tráfico crediticio bancario, tanto por motivos económicos como por razones de la garantía, tanto más cuando no favorecería ni los intereses del deudor ni los del acreedor[289]. Lo mismo que en la cesión interna de derechos de crédito, en la transmisión en garantía sin toma de posesión de la cosa por el acreedor debe concederse gran importancia a las cualidades morales del deudor.

Como la institución de la transmisión en garantía ha sido tratada por mí expresamente en varias ocasiones, así, por ejemplo, en *Warenkredit,* pág. 56, y en el *Bangeschäftliches Formularbuch,* pág. 123, me remitiré en el siguiente examen de las disposiciones legales sobre la transmisión en garantía y sobre la naturaleza jurídica del contrato a dichas obras y a la doctrina y jurisprudencia que en ellas se mencionan.

La finalidad de la transmisión en garantía es doble. Por un lado, debe proporcionar al deudor la posibilidad de continuar trabajando con el objeto que sirve de garantía, y hasta venderlo; debe, por consiguiente, quedar en posesión de la cosa. No se opone a ello, que en numerosos casos se haya transmitido la posesión al acreedor, generalmente en los créditos documentarios. Por otra parte, deben concederse al acreedor derechos sobre la cosa que exceden de las facultades de un acreedor pignoraticio; especialmente debe estar autorizado para vender la cosa, llegado el vencimiento de su derecho de crédito, con toda libertad, y no por el procedimiento de la venta judicial. Este último procedimiento en el comercio transoceánico, y en épocas de fuertes oscilaciones, es completamente inadecuado, habiendo perjudicado de igual manera a deudores y acreedores[290].

La transmisión en garantía es, según su esencia, como ya lo indica el nombre, una transmisión de la propiedad para garantizar un derecho de crédito; no es, pues, una venta con pacto de retro. Aunque anteriormente el contrato de transmisión en garantía era revestido frecuentemente con la forma de un contrato de compraventa, no tuvieron nunca las partes intención de efectuar un contrato semejante, ni se paga nunca precio, puesto que el valor asignado en el contrato a la cosa que sirva de garantía no tenía otra significación sino la de obligar al deudor, en caso de venta del objeto, a reembolsar, cuando menos, el importe de aquella suma[291].

La propiedad fiduciaria nace por el consentimiento y la transmisión o constitución de la posesión mediata con arreglo a los artículos 930, 868, del *BGB.* Sobre ello, ya hemos indicado anteriormente que el texto literal del § 868 fue interpretado desfavorablemente para la transmisión en garantía, y que se la quiso construir con caracteres que no le eran apropiados. Recientemente estos

289 Por el contrario, es frecuente en la industria cervecera, y nada hay que decir en contra; las fábricas de cervezas se han visto obligadas a conceder créditos importantes, y como garantía se hacen transmitir el inventario del fondista.

290 Comp. *Warenkredit,* pág. 57, 67., 66, nota 3.

291 Comp. *Warenkredit,* págs. 62 y sí. *BA.,* XVIII, 27.

reparos formalistas fueron rechazados ante la importancia económica de la transmisión en garantía[292].

No está indicado *expresis verbis* en la ley que la propiedad pueda ser transmitida para el afianzamiento de un derecho; no obstante, puede deducirse del § 223, 2, del *BGB.*[293], además de que en ninguna parte de la ley se dispone lo contrario, y así, en este sentido, la doctrina dominante acoge favorablemente la transmisión en garantía, no habiéndose hecho tampoco objeciones por parte de la jurisprudencia.

El consentimiento se presta por la conclusión de un contrato de cesión en garantía, que no está sometido a requisitos formales, pero que regularmente se realiza por escrito, y hasta alguna vez se ha efectuado por carta. El contrato es normativo para toda la relación jurídica, y por este motivo debe exponer claramente la voluntad de las partes, de tal modo, que puedan deducirse, los derechos y obligaciones de los contratantes[294]. Es un contrato real, en el que el dador de la garantía (deudor) transmite al garantizado (acreedor) la propiedad de una cosa mueble o de un conjunto de cosas como garantía de un derecho de crédito. Este debe ser determinado en su naturaleza, aunque no es preciso que lo sea su cuantía, pudiendo garantizarse derechos futuros y condicionados. La propiedad debe ser transmitida, y los contratantes han de convenir que la propiedad del objeto dado en garantía se cede de un modo efectivo; esto deben expresarlo en términos inequívocos[295], y no deben hacer ilusoria la transmisión de la propiedad por cláusulas posteriores que contradigan la esencia de la propiedad, como, por ejemplo, excluyendo la facultad de disposición del aceptante de la garantía: los derechos y obligaciones de los contratantes se deducen de este contrato de transmisión de la propiedad. La propiedad de la cosa dada en garantía se transmite al aceptante con la autorización de venderla libremente, llegado el vencimiento del crédito[296] para

292 Comp. *Warenkredit,* pág. 73, notas 3-6, *Formularbuch,* página 123. *Nota Preliminar,* párrafo 4.

293 Véase *Warenkredit,* pág. 60, nota 3. Aun cuando he indicado en la página 60 que el § 1.272 no ha querido comprender la propiedad en el concepto de derecho, no está ello en contradicción con mi opinión arriba expresada. La interpretación de los preceptos legales tiene su lógica, y sería contraria a ella la pignoración de la propiedad como derecho cuando puede pignorarse la cosa misma como tal, y con arreglo a los preceptos sobre el derecho de prenda, deberá separarse de la posesión del pignorante; la propiedad puede, por el contrario, transmitirse sin que la cosa se separe de la posesión del transmitente.

294 Véase *Werenkredit,* págs. 58, 59, nota 1.

295 Com. *Warenkredit,* pág. 64.

296 Comp. pág. 149 y *Warenkredit,* pág. 67. Por esto está completamente desorientado el Tribunal del Reich al indicar, después de afirmar acertadamente en *RG.,* 107, 35, 34, que el endoso en blanco equivale a una transmisión en garantía y no a una pignoración, que la enajenación de esas acciones cedidas en garantía debe hacerse según los preceptos sobre la enajenación de la prenda, porque de otro modo «peligrarían sin necesidad los legítimos derechos del deudor». La cesión en garantía no es jurídicamente una prenda ni debe serlo con arreglo a la voluntad de las partes. Por lo tanto, la aplicación de los preceptos de la prenda al derecho más importante del que recibió una cosa en garantía —el de poderla realizar en cualquier momento como el propietario—, está en contradicción con la naturaleza jurídica del derecho de propiedad, y no tiene defensa ni jurídica ni económicamente. Además, el momento de la realización de la condición —se supone una

reintegrarse del importe del mismo con el precio de la venta, si el dador de la garantía no hubiese cumplido sus obligaciones para con él, con la obligación de devolver al dador de la garantía el posible sobrante del importe de la venta (diferencia entre el importe del derecho derivado del crédito y el precio de venta). Si el dador de la garantía hubiera pagado el derecho de crédito garantizado, deberá el tomador de la garantía traspasarle la propiedad sobre el objeto dado en garantía y devolverle este. El aceptante de la garantía está, por su parte, contractualmente autorizado a tomar posesión de la cosa y a enajenarla en su propio nombre, con la obligación de remitir el precio inmediatamente al dador de la misma[297] o emplearlo en la adquisición de nuevas mercancías y transmitir la propiedad de las mismas al dador de la garantía[298]. Está también obligado a conservar las mercancías en buen estado y a asegurarlas[299], y puesto que el dador de la garantía está autorizado, por un lado, a vender en su propio nombre las mercancías que están en la propiedad del aceptante de la misma, y, por otro lado, este debe adquirir inmediatamente la propiedad de los negocios jurídicos realizados, se puede designar la relación jurídica existente entre los contratantes, como una comisión o mandato con pleno poder de representación, aunque ninguno de ambos se ajusta exactamente a la verdadera situación jurídica[300]. La propiedad se nos ofrece en ambos contratantes como condicionada, la del aceptante de la garantía, bajo condición resolutoria, la del dador de la misma, bajo condición suspensiva: la condición se cumple con la devolución del crédito[301]. Se designará exactamente en el contrato mismo o en un anexo, que forma parte integrante del contrato, en primer término, el objeto dado en garantía según su calidad, cantidad y embalaje, añadiendo a ser posible los recibos de compra o los extractos de los libros del almacén; además, se indicará el precio (precio de compra) y el lugar en que se encuentra o está almacenado el objeto[302].

La relación de confianza nacida de la transmisión fiduciaria de la propiedad obliga al dador de la garantía a comunicar al aceptante de esta todos los datos sobre las acciones que contra el objeto pudieran iniciarse por parte de terceros. En la práctica, esto es válido, ante todo, para los embargos. Como propietario, puede el dador de la garantía oponerse a todo género de em-

---

adquisición condicionada de la propiedad— me parece completamente mal elegido; la propiedad del tomador de la garantía no debe surgir después de la mora del deudor de la misma, sino nacer ya con la entrega del objeto dado en garantía; de otro modo, hasta la mora del deudor se trataría de un crédito en blanco, lo que no responde a la voluntad del acreedor ni está tampoco en la del deudor.

297 Cfr. *B. A.*, XVIII, 27. *Warenkredit,* pág. 64 y ss.

298 Acuerdo y transmisión. Comp. *Warenkredit,* pág. 61, nota 5.

299 Véase *Warenkredit,* págs. 67, 68, nota 1; 75, nota 3. *Formularbuch,* pág. 125, nota 5.

300 Véase *Warenkredit,* pág. 62.

301 §§ 158, 455, *BGB. Warenkredit,* pág. 69, notas 1 y 2. Jurídicamente, nada impide la adquisición de la propiedad bajo condición.

302 Comp. *Warenkredit,* pág. 60, notas 1 y 2, particularmente respecto de la contabilización de las mercancías cedidas en garantía y los; créditos concedidos sobre ellas.

bargos y obligar a la entrega libre de la cosa[303]. Si el tomador de la garantía quebrara, podrá, tanto el síndico de la quiebra como el aceptante de la garantía, llegado el vencimiento del crédito sin que se opere su reintegro, si no tuviera la posesión, reclamarla del dador de la garantía. Está este autorizado a solicitar del síndico de la quiebra, la reivindicación de la cosa mediante el pago del crédito. En la quiebra del dador de la garantía está igualmente autorizado el aceptante de la misma a solicitar del síndico la separación de la cosa; el síndico podrá impedirlo, mediante el pago del derecho garantizado. Si el aceptante de la garantía enajenase la cosa, deberá ingresar en la masa de la quiebra el remanente de la venta[304]. En esta situación jurídica clara, fundada en la naturaleza jurídica de la propiedad, ha introducido cierta confusión una sentencia del Tribunal Supremo (volumen 91, página 279), en cuanto en la cesión fiduciaria se concede al cesionario, en caso de quiebra del cedente, solo un derecho de pago preferente, y se corre el peligro de que esto sea aplicado también a la transmisión fiduciaria. Anteriormente be subrayado ya (nota 166) que esta sentencia, que se basa en motivaciones económicas, no puede prosperar tanto por motivos económicos como jurídicos. No aporta, además, nada nuevo, sino que vuelve a caer en el antiguo defecto, ya superado hace tiempo por la doctrina y la práctica, de confundir la transmisión en garantía y la pignoración, y que creía posible, de un modo obscuro y erróneo, configurar la transmisión en garantía por la aplicación de los preceptos sobre la prenda. Si se volviese de nuevo a tales apreciaciones[305], habría llegado el momento de poner término a tal situación de inseguridad jurídica, reglamentando legalmente la transmisión en garantía.

Especialmente acuciante fue, en los últimos años, a consecuencia de la situación económica, la cuestión de si sería posible, ante los preceptos legales vigentes, garantizar los llamados créditos de reelaboración[306], es decir, garantizar realmente, mediante la misma mercancía, créditos que habían sido concedidos para la reelaboración de materias primas o semimanufacturadas. Sobre esto, debe distinguirse si el acreditado se identifica con el reelaborador, o si la especificación debe llevarse a cabo por terceras personas. En este último caso, sería posible una pignoración de las mercancías que se han de especificar, mediante la transmisión de la posesión mediata al dador del crédito por vía de cesión de la acción para reclamar la entrega al reelaborador y notificación a este; en el primer caso, por el contrario, no sería posible. Se pregunta ahora si puede hacerse esto con la transmisión en garantía. Ante todo, ofrece ya dificultades el § 950 del *BGB.*, en cuanto preceptúa que el especificador adquiere la propiedad de la cosa obtenida por especificación. El aseguramiento por la propiedad contractualmente otorgado desaparece con la especificación. Si el acreditante fuese al mismo tiempo propietario de las cosas que van a ser reelaboradas —no coincidiendo, por tanto, con el especificador—, existe, según la opinión dominante, entre él y el reelaborador, un contrato de obra,

303 Normativo es el § 771, *ZPO.*, no el § 805, *ZPO.*, puesto que no se trata de un derecho de prenda, sino de un derecho de propiedad del acreedor. *Warenkredit*, pág. 70, nota 1.

304 *Warenkredit*, pág. 70.

305 Como sentencias, vol. 91, 279 y 107, 334, que contraponen propiedad y derecho de prenda.

306 Vid. *Warenkredit*, pág. 117.

y este obtiene la propiedad sobre la cosa obtenida no para sí, sino para el antiguo propietario[307]. Si el acreditante, por ejemplo, un Banco, no coincidiese con el propietario, sino que el último reelaborara aquellas mercancías que en el ínterin han sido cedidas en garantía al dador del crédito el efecto del § 950 debe excluirse, de tal modo, que el acreditado, simultáneamente con la cesión en garantía, renuncia a su derecho a la adquisición de la propiedad. Esta renuncia es, en mi opinión, jurídicamente admisible, pues nadie puede ser obligado a adquirir una propiedad contra su voluntad: es igualmente admisible, como la renuncia a una herencia o la transmisión gratuita de propiedad por donación o abandono[308], aunque en la ley no está expresamente previsto. Por este motivo, estimo posibles y legales los créditos de reelaboración asegurados por una transmisión fiduciaria de la propiedad.

Además, tienen un papel importante los llamados créditos sobre documentos (documentarios), es decir, aquellos sobre mercancías en circulación que han sido garantizados por las mismas por medio de la entrega de los títulos dispositivos o de los duplicados de las cartas de porte[309]. También en estos créditos es posible garantizar al acreditante por la pignoración y por la cesión en garantía; sin embargo, lo último constituye generalmente la regla, tanto por motivos materiales como formales[310]; por esto, me remito al capítulo de créditos de reembolso y créditos sobre títulos de mercancías de la parte segunda de esta monografía.

Es absolutamente necesario en esta exposición, llamar la atención sobre abusos que lleva aparejada la transmisión en garantía y que son acertadamente censurados por los Tribunales, citándose injustamente, sin embargo, por los enemigos de la institución para presentarla como jurídicamente inadmisible. Se trata de una exaltación de los contratos de garantía que conducen a un agarrotamiento económico del dador de aquélla (deudor), y por este motivo han sido declarados por la jurisprudencia como contrarios a las buenas costumbres[311]. De la jurisprudencia pueden extraerse las siguientes características, que habitualmente pueden provocar la nulidad de los contratos como contrarios a las buenas costumbres.

1) Si el deudor transmite todo su patrimonio presente o futuro, o la mayor parte del mismo, sin que simultáneamente asuma el acreedor las deudas, de tal modo que el dador de la garantía solo tenga la apariencia de un comerciante independiente, con lo que un tercero podría ser engañado e inducido erróneamente a estimarle como merecedor de crédito.

2) Si la transmisión en garantía se hace por créditos antiguos de valores patrimoniales importantes, sin que el dador de la garantía reciba simultáneamente un equivalente por la transmisión patrimonial.

---

307 Comp. *Warenkredit,* pág. 119, particularmente nota 3.

308 §§ 1.942, 928, 959, *BGB.*; véase *Warenkredit,* pág. 120, nota 1. *Formularbuch,* pág. 126, nota 5.

309 Comp. 87 y s. *Warenkredit.* pág. 76. *B. A.*, XX, 249. *Formularbuch,* pág. 99 y s.

310 Frecuentemente se extingue un crédito en cuenta corriente por un crédito con documentos endosados; sobre la cesión en garantía mediante un endoso en blanco, véase la sentencia del Tribunal del Reich, de ninguna manera exacta en sus deducciones. 107, 334.

311 Comp. *Warenkredit,* pág. 73.

3) Si se ha convenido expresamente mantener secreta la transmisión en garantía, de donde indudablemente debe deducirse la intención de engañar a terceros por el mantenimiento oculto de la verdadera situación de negocios del deudor[312].

En estos casos, no se ha limitado el Tribunal del Reich a declarar nulo el contrato de transmisión en garantía, sino que, además, declara obligado al aceptante del crédito a resarcir las pérdidas que se hubiesen producido a terceros acreedores, ya que aquéllas se originaron porque habían concedido créditos al dador de la garantía en la forma de envíos de mercancías o préstamos, en atención a su independencia económica. Los contratos de transmisión en garantía deben, por lo tanto, ser redactados de un modo en absoluto correcto, y no deben conceder ventajas desproporcionadas al tomador de la garantía.

Los contratos de transmisión de garantía[313] existentes en los distintos Bancos difieren entre sí; sin embargo, coinciden todos en una expresión clara de las relaciones de propiedad y de los derechos y obligaciones de los contratantes[314].

Además, en la mayoría se adoptan las siguientes cláusulas: El dador de la garantía asegura que posee propiedad ilimitada sobre el objeto dado en garantía —por consiguiente, que no existen derechos de retención por terceros— que está completamente pagado y que no está gravado por ninguna clase de derechos de prenda; por ejemplo, del arrendador por arrendamientos pendientes. Además, se acepta un precepto por el que el dador de la garantía se obliga a comunicar mensualmente al Banco las disminuciones y los aumentos del depósito con presentación de las listas y posible exhibición de los libros del almacén con la más precisa indicación de las mercancías. De este modo se pone el aceptante de la garantía en situación, por un lado, de armonizar las cantidades concedidas a crédito con las garantías mismas, y por otro lado, puede examinar sobre las listas especificadas, la situación del depósito y la reposición de mercancías. Además, se pacta que el dador de la garantía ha de llevar detalladamente la contabilidad sobre las mercancías transmitidas al Banco y designarlas, incluso en sus libros especiales, como propiedad del Banco. Y, finalmente, el dador de la garantía se obliga a informar a la Sociedad aseguradora que las mercancías aseguradas han sido transmitidas al Banco, ya que el cambio de propiedad, con arreglo a las cláusulas de contratación de la mayor parte de las Sociedades de seguros, resuelve el contrato de seguro.

---

312 Comp., por otro lado, *RG.*, 26, 2, 1917, en *B. A.*, XVI, 341, según la que el banquero no está obligado a mencionar en un informe el contrato de transmisión en garantía celebrado entre él y el deudor.

313 Comp. *Formularbuch*, págs. 123-127.

314 Me es conocido que en un gran número de contratos de esta naturaleza se hace referencia a una de las relaciones jurídicas designadas en el § 868, *BGB*; sin embargo, no sucede esto porque los Bancos quieran realizar efectivamente una operación de custodia o de arrendamiento, sino solamente como garantía contra una nueva concepción más desfavorable de la jurisprudencia. También en el *Formularbuch* (4.ª edic.), fórmula 141, se habla de la obligación del dador de la garantía de «custodiar los objetos cuidadosamente»; pero esto no tiene que significar un contrato de custodia, sino únicamente fijar la obligación del dador de la garantía de depositar las mercancías en forma debida y conservarlas en buen estado. Comp. pág. 149 y ss.

Debe además transmitir al Banco las pólizas suscritas. Estas son condiciones todas que tienen la finalidad de presentar con claridad las relaciones jurídicas entre las partes para desvirtuar la posible objeción de que se trate de un negocio simulado, y, por tanto, sirven para facilitar al Banco el control de sus créditos y de las garantías proporcionadas para ellos. Si las obligaciones impuestas al dador de la garantía no fuesen cumplidas por este, no tiene el Banco otro medio coactivo que denunciar el crédito, pues la demanda para el cumplimiento del contrato sería en la práctica un error.

6. Delitos con ocasión del crédito

a) Usura

De los delitos con ocasión del crédito, la usura, la estafa y el descrédito, el que ha tenido mayor importancia en los últimos años ha sido la usura, y no hay ningún Tribunal alemán que no haya tenido que ocuparse de asuntos de usura, sin que en la mayoría de los casos se haya podido determinar quién fuese el usurero. Especialmente después de la estabilización del marco —tras de lo cual el mundo de los negocios no pudo obtener más beneficios con el dinero y a costa de los Bancos—, se hizo a estos el reproche de que su cómputo de intereses y de contabilidad iba contra las buenas costumbres y violaba el decreto sobre alteración de los precios[315]. Tanto el § 138, *BGB.*, como las disposiciones sobre prestaciones usurarias[316], que son aquí los que deben tenerse en cuenta, exigen como supuesto de hecho un beneficio excesivo del usurero, esto es, del Banco. Lo que deba entenderse por beneficio excesivo no lo indica la ley, siendo, pues, una cuestión de interpretación, que tiene que resolverse para cada caso, ya que el § 118, 2, *BGB.*, da una norma, en tanto que, según él, existe un beneficio excesivo si los beneficios patrimoniales obtenidos por el usurero exceden de tal modo el importe de su prestación que resulten, en relación con lo *prestado,* de una *desproporción notoria.* Por lo tanto, no debe tenerse en cuenta solo el importe de la prestación, sino que deben considerarse las circunstancias en que la misma se hace, pudiendo influir considerablemente sobre el valor de la prestación, tanto favorablemente como en contra.

En el examen de la cuestión acerca de si los Bancos han obtenido beneficios excesivos, y cuáles sean estos de acuerdo con los tipos y el cálculo de los intereses, como anteriormente se ha indicado, se debe distinguir entre la época anterior a la estabilización del marco y la siguiente a la misma, y tener presentes las circunstancias de entonces en el mercado crediticio y monetario. Durante la inflación, y próximamente desde fines del año 1922, no puede hablarse ya de depósitos de dinero en los Bancos, y las existencias en cuentas corrientes eran tan pequeñas y circulaban tan rápidamente, que no servían para la concesión por los Bancos de créditos a terceros. Los Bancos, ante nuevas operaciones de préstamo, estaban limitados por completo a sus propios medios. Por otra parte, la clientela hizo a los Bancos pedidos de cré-

---

315 Decreto sobre alteración de los precios, en *RGBl.*, I, 1923, página 700. Ley contra la usura, de 19-6-1893.

316 § 4.°, Decreto sobre alteración de precios, que debe aplicarse a las operaciones de crédito. Comp. *RG.* de 21-10-1924, 1. *Strafsenat. ID.* /671/VII, 1.198.

ditos considerables, que aquéllos creyeron deber conceder, para no perderla y en interés de su clientela —conceder crédito a cualesquiera otras personas no hubiese tenido sentido—, de tal modo que ya entonces empezaron sus disponibilidades a no ser suficientes para satisfacer las demandas de crédito, viéndose obligados los Bancos, ya en aquella época, a recurrir al mercado monetario libre. Podemos prescindir, por ser ya conocido, de hablar acerca de los intereses, tan elevados si se consideran objetivamente, tan bajos si se miran de un modo relativo —especialmente en proporción con la desvalorización del dinero—, que se cobraron, tanto en el mercado del dinero como por los Bancos; pero es también sabido y reconocido judicialmente, el hecho[317] de que los Bancos, por sus créditos y por el cálculo de intereses, y a consecuencia de la rápida desvalorización del dinero, no solo no ganaron nada, sino que cada operación de crédito les reportó una rotunda pérdida. Ya con esto se ha proporcionado la prueba de que, no el acreditado, sino, a lo sumo, el acreditante, sería el explotado. Los intereses habían perdido por completo su significación económica de intereses, esto es, de rentas del capital; eran solamente tantos por cientos de percepción en las pérdidas del capital, medidas de defensa exigidas por el instinto de conservación del acreditante; pero completamente insuficientes, que, además, con respecto al acreditado, no significaban ninguna clase de abusos o perjuicios, porque aquél dedicaba el crédito, por regla general, a la compra de mercancías y efectos. Efectos y mercancías seguían un camino paralelo, por lo menos, con la desvalorización monetaria y, desde luego, con el cálculo de intereses en relación con las cargas porcentuales[318].

Por consiguiente, los tipos de interés elevados durante la inflación expresados en porcentajes no iban contra los preceptos del § 138, 2, del *BGB.*, y el § 4 del Decreto sobre alteraciones de los precios, puesto que no solo no proporcionaban una ganancia, sino que la devolución de los importes desvalorizados de los créditos no podían compensar las pérdidas originadas por la desvalorización; ha de examinarse, pues, si las liquidaciones provisionales frecuentes, a veces hasta diarias, utilizadas en la vida bancaria de aquella época, deben reputarse como lícitas, o si representan una infracción legal. Se podría descartar esta cuestión, porque no se trataba de cargar unos intereses, y, por consiguiente, de una liquidación de intereses, sino que se trató únicamente de contabilizar una compensación limitada por desvalorización en forma porcentual[319]. Sin embargo, debe subrayarse lo siguiente: el *HBG.* autoriza, en oposición a los §§ 248, 289 del *BGB.*. un cómputo de intereses, en el supuesto de que entre los contratantes se haya establecido una cuenta corriente, caso que es corriente entre el Banco y sus clientes, y que se haga la liquidación de los intereses al cerrar y saldarse la cuenta. Se preguntará ahora cuándo y con qué frecuencia pueden saldarse las cuentas y cobrarse los intereses. El § 355,

317 Véase STAFFLEL, en *B. A.*, XXIII, pág. 98 y s. Informe de la Cámara de Comercio de 12-6-1924. Sentencia del Tribunal Cameral de 24-4-1924, en *B. A.*, XXIII, pág. 249, y en la Cámara para asuntos mercantiles de 2-12-1924, en el *Centralverband Rudschreiben* de 5-12-1925, número 10.

318 Véase sobre esto la sentencia de la 22 Cámara para asuntos mercantiles de 11-11-1924, publicada en la *Centralverbands Rundckreiben.* número 10, favorable al Banco.

319 Así también, sentencia del Tribunal Cameral de 30-4-1925, en la *Centralverbands Rundschreiben,* núm. 54.

2, del *HBG.*, preceptúa que este saldo se haga, a lo menos, una vez por año, a no ser que se haya pactado otra cosa. Esto último ocurre con las condiciones generales de los Bancos[320], que prevén un saldo trimestral, reservándose, sin embargo, el derecho a modificar, en cualquier momento, las épocas de liquidación. En virtud de sus condiciones generales, tienen derecho los Bancos a saldar y a cobrar con los intereses las cuentas corrientes con la frecuencia que prefieran —mensual, semanal o diariamente—, y sin avisar a los clientes; contra esto, el cliente puede defenderse dando por concluida la cuenta. Si las condiciones generales no contuviesen un pacto semejante, puede, sin embargo, concertarse posteriormente, aun después de comenzarse a ejecutar la obligación, y tal pacto se presupone si el Banco lo comunica al cliente y este no se opone. Esta comunicación se verificó generalmente en la época de la inflación, y casi siempre se hacía mediante el envío de extractos de cuenta diarios, o de las sumas de intereses, y a menudo, por publicaciones en los periódico o por exposición en los locales del Banco[321], Si el cliente no quería reconocer esas liquidaciones intermedias[322] frecuentes, debía reclamar inmediatamente contra ellas. Una de las sentencias contradictorias del Tribunal Cameral[323], en la que se expresa que el silencio del cliente en punto a una de estas comunicaciones no podía interpretarse como consentimiento, «puesto que no puede aceptarse que estuviese conforme con un cómputo de intereses tan elevado», debe rechazarse tanto por infundada como por estar en contra de las prácticas comerciales[324]. Por consiguiente, no puede deducirse de los saldos provisionales frecuentes con cobro de intereses, durante la época de la inflación, la característica de un proceder usurario.

Examinemos ahora la situación después de la estabilización del marco, esto es, a partir del 20 de noviembre de 1923, el día en que el dólar se pagó a 4 billones 200.000 millones de marcos papel. La situación se caracterizó por los siguientes momentos: falta extraordinaria de capital, a consecuencia de la estabilización del marco, de donde resultó un estancamiento de toda la economía; gastos extraordinariamente altos por aparato administrativo introducido por la inflación; desconfianza nacional y extranjera hacia una satisfactoria estabili-

---

320 Comp. KOCH-SCHÜTZ: *Formularbuch*, pág. 2, núm. 2.

321 ZWIEDINECH-SÜDENHORST manifiesta en *A B.*, XXIV, 291, con acierto, que era un deber de todo cliente de un Banco informarse por sí mismo, en la época monstruosa de la inflación sobre las condiciones de contratación vigentes, y debería dudarse de su buena fe si pretendiera no haberlo hecho. Véase también sentencia del Tribunal Cameral, 30-4-1925, loc. cit.

322 Véase pág. 167, nota 331.

323 Publicado en *B. A.*, XXII, 249.

324 *Qui tacet consentire videtur*, aplicación analógica del § 151, *BGB*. El silencio se reputa aceptación cuando, según las costumbres del tráfico, no se espera una declaración. Véase también sentencia del Tribunal Cameral para asuntos mercantiles de 2-12-1924, y la de la 22 Cámara para asuntos mercantiles del Tribunal Regional I de Berlín de 11-11-1924. reconociendo que durante la inflación era extraordinariamente corriente una realización de saldos intermedios y que debía haber sido obligación del cliente el interrumpir su relación de negocios con el Banco, si no quería pagar los intereses. RG., 31-3-1924; *AZ.*, I, 365/23, sobre el reconocimiento de las cláusulas de contratación por el silencio y continuación de la relación de negocios.

zación monetaria; enormes tipos de interés por el dinero a la vista y a plazos[325] en las plazas bursátiles, a causa de la falta de capital y de la mencionada desconfianza. Estos hechos eran, naturalmente, decisivos en la formación del tipo de interés, y así como el precio de una mercancía se determina por la oferta y la demanda, también habrá de aplicarse este principio a los intereses de los préstamos. Los Bancos, para la concesión de créditos, debieron procurarse los capitales necesarios en el mercado de capitales, y a causa de la escasez y de la desconfianza, pagarlos extraordinariamente caros; al volver a prestar este dinero debían tener en cuenta el tipo de interés que habían concedido y, al propio tiempo, debían incluir calculados sus propios y desproporcionados gastos de actuación; finalmente, como comerciantes prudentes, estaban obligados a tener en cuenta en aquellos momentos el peligro de una estabilización insostenible. Contra esto se objetó en una sentencia del Tribunal del Reich[326], que los Bancos no necesitaban haber abonado en el mercado monetario tipos tan altos de interés, sino que estaban autorizados para invocar frente a sus acreedores el § 242 del *BGB.*; pero esta argumentación resulta extraordinariamente ingenua, porque no ha tenido en cuenta que el Banco que hubiese seguido este consejo no habría recibido nunca dinero, o no lo habría recibido en lo sucesivo: debe recordarse a este respecto la definición del crédito como «confianza», pues de qué servirá el § 242 si se necesita dinero, y ¡qué se hará de la confianza si no se concede crédito! Los tipos de interés en el mercado abierto constituyen, como fácilmente se comprende, en épocas de gran escasez de capital la base para la liquidación de intereses de los Bancos por los créditos[327], porque, como ya se ha indicado, los Bancos tienen que acudir, a falta de otras fuentes, a esos capitales, que representan, sin duda alguna, el límite mínimo de esta clase de intereses. Para las operaciones de crédito en provincias solo se tenía en cuenta el dinero a largo plazo o mensual, *cuyos tipos de interés generalmente eran muy superiores a los de los créditos diarios.* Pero como estos créditos no son concedidos en Bolsa sino contra depósito doble o triple, en tanto que los Bancos provinciales concedían a sus clientes créditos en blanco y aun créditos contra garantías (por ejemplo, hipotecas, que suponían una pequeña realizabilidad y un gran riesgo) se comprende que se obtuviera una compensación mediante un recargo proporcional del interés. Si se objetara, además, que en los meses siguientes a la estabilización era completamente injustificada la concesión de tipos de interés que apenas bajaron con respecto a los de la época de la inflación, y que llegaban a ser de más del 100 por 100 mensual, ya que la moneda había sido estabilizada y estaba descartada una nueva desvalorización del capital de crédito, debe observarse que esto es completamente falso. En 20 de noviembre de 1923 no sabía nadie que se había alcanzado el límite inferior del marco, y nadie creía que se pudiera mantener

325 El dinero a la vista percibía en la Bolsa berlinesa, en diciembre de 1923, 2 1/2 por 100 diario; en la Bolsa de Hamburgo, 3-4 por 100 diario, lo que da para el dinero de Bolsa unos tipos medios 40-50 por 100, y hasta de 80-100 por 100 mensual.

326 Sentencia del *RG.* de 9-3-1925, publicada en el *B. A.*. XXIV, 305.

327 También la citada sentencia de la Sala para asuntos mercantiles de 2-12-1924 atribuye la máxima importancia a la situación del mercado monetario para la fijación de los intereses de los Bancos.

el cambio del curso a cuatro billones doscientos mil millones[328]. Efectivamente, en el extranjero y en las Bolsas de las zonas ocupadas, el cambio del marco en las semanas siguientes retrocedió aún notablemente[329], y yo debo expresar en forma positiva, teniendo en cuenta numerosos casos, dictaminados por mí, que todos los tomadores de crédito contaban con una nueva baja del marco y con una posible ganancia en las mercancías y efectos comprados con el crédito proporcionado por el Banco. Los Bancos, a causa de la inflación, que ya duraba años, tenían un fundado pesimismo acerca de nuestra valuta, y hubiesen obrado con grave negligencia de no haber adoptado medidas contra las pérdidas originadas por las desvalorizaciones en las operaciones de crédito, mediante primas de riesgo en forma de intereses, lo que les haría posible reintegrarse al menos en una parte de su valor. El reconocimiento de estos hechos, especialmente de la situación forzada de los Bancos en aquella época, se ha abierto camino cada vez más, de tal modo, que los Tribunales, que después de la inflación no estaban favorablemente inclinados hacia los Bancos, se hallan muy lejos de reconocer que en la computación de estas primas de riesgo exista una actuación usuraria[330].

Con respecto a los saldos intermedios[331] después de la inflación, que, además, poco después de la estabilización, no se hicieron ya diaria o semanalmente, sino a lo sumo mensualmente, debe decirse lo mismo que de los saldos durante la inflación. Los saldos intermedios fueron consentidos por los clientes tácitamente o reconocidos con la continuación de las operaciones, y los Bancos estaban autorizados, a falta de otros pactos, a proseguir con el sistema de saldos intermedios después de la inflación[332]. El cliente, de no haberlos querido consentir, debía haber hecho sin demora la reclamación o haber suspendido su cuenta. Si no lo hizo y, antes bien, calló, debía reconocerse su asentimiento al modo de llevar las cuentas, por lo que no estaba autorizado para posteriormente impugnarlo como ilícito y usurario.

El supuesto de hecho de la usura exige generalmente, según el § 138, *BGB.*, que se explote la necesidad, la ligereza o la inexperiencia del que sufre la usura, es decir, del acreditado.

---

328 Este momento importantísimo, al que se remitieron con interioridad los Bancos, y que fue citado por el Tribunal Comercial en decisión de 12-6-1924, es ahora plena y completamente reconocido por el Tribunal del Reich. Comp. *RG.*, 6-3-1925, en *B. A.*, XXIV, 307.

329 En Nueva York, el marco cayó, en 28-11-1923, hasta 12 cents. = 8, 33 billones de marcos por un dólar; en las Bolsas de la zona de ocupación se pagaron, a fines de noviembre, de 6-7 billones por un dólar. Comp. ZWIEDINECK-SÜDENHORST, en *B. A.*, XXIV, 229 y 344.

330 La sentencia de 6-3-1925 manifiesta expresamente que aun después del 20-11-1923 era admisible un «recargo por disparidad». Acerca de la ilicitud de la reclamación de tales primas de riesgo o seguro, por inexistencia del riesgo, cmp. la sentencia del Tribunal Cameral de 30-4-1925, en la *Centralverbands-Rundschreiben,* número 54.

331 Estos saldos intermedios podían hacerse mediante el cierre de la cuenta y la adición de los intereses; pero, para ahorrar trabajo, se hizo generalmente lo siguiente: con arreglo a la tabla de intereses se computaban estos en determinados periodos, sin cerrar la cuenta y sin comunicar un extracto de la misma.

332 Así también la mencionada sentencia del Tribunal Comercial de 2-12-1924.

Y ni la necesidad, ni la ligereza, ni la experiencia, se dan solo con que el deudor, a consecuencia de la inflación, no pueda salir adelante solo con sus propios medios y se vea obligado a solicitar la concesión de un nuevo crédito, ni porque después de la inflación tomase un crédito con la esperanza de poderlo reembolsar con dinero desvalorizado. La falta de medios de liquidar durante la inflación no era una consecuencia de la necesidad, porque, en general, los medios de liquidación eran muy escasos, pues todo el mundo, para protegerse de la desvalorización, los colocaban mediante pago al contado, en valores reales o efectos, por cuyo motivo aquéllos estaban continuamente en circulación, sin acumularse en los Bancos, y, finalmente, porque diariamente perdían valor, esto es, fuerza adquisitiva. Por otra parte, se esperaba poder hacer buenos negocios mediante la obtención de un crédito, aun después de la estabilización del marco, puesto que en general no se creía en una estabilización duradera del marco y se esperaba una nueva posterior elevación de los precios de las mercancías; la desconfianza en nuestra valuta era entonces tan fuerte en todos los círculos de la población, que no se podía hablar de ligereza e inexperiencia allí donde se sacaban las consecuencias de esta desconfianza.

Los preceptos sobre prestaciones usurarias no exigen estas características de la necesidad, ligereza e inexperiencia del explotado. Deben impedir toda ganancia excesiva de los particulares; su misión consistía en contener o, al menos, frenar el aumento excesivo y brusco de los precios. Indudablemente, los tipos elevados de interés en épocas normales encarecen las mercancías; por ello, sería lógica y adecuada la aplicación de las disposiciones sobre la usura a los créditos bancarios caros en tiempos normales. Pero, por el contrario, en periodos de general ocultación y acaparamiento de las mercancías, los créditos altos no actúan encareciéndolas, sino abaratándolas, porque obligan a los comerciantes a poner sus mercancías en el mercado y a venderlas a precios proporcionados, con objeto de obtener metálico y no tener que pagar los intereses bancarios elevados y las comisiones[333]. Por lo tanto, la aplicación del decreto sobre alteraciones de los precios a los intereses bancarios, durante y después de la inflación, fue absurdo e inadecuado. Por este motivo soy de la

333 Esto se aplica analógicamente a mercancías y a divisas, y en el cuadro siguiente puede advertirse cómo en diciembre de 1923, ante tipos crecientes del género a la vista, aumentó la oferta de divisas y, por consiguiente, las cuotas de reparto, lo que no hubiese sucedido con tipos de interés inferiores:

Créditos diarios	Cuotas				
10-12-23	1-½	por 100	Londres	3	por 100
11-12-23	⅓	por 100	Londres	4	por 100
12-12-23	⅛	por 100	Londres	5	por 100
14-12-23	½-¼	por 100	Londres	6	por 100
15-12-23	½	por 100	Londres	6	por 100
17-12-23	½	por 100	Londres	6	por 100
18-12-23	½-1	por 100	Londres	6	por 100
19-12-23	½	por 100	Londres	6	por 100
20-12-23	½-1 ½	por 100	Londres	6	por 100
21-12-23	1 ⅝-2	por 100	Londres	10	por 100

opinión de que no tiene que aplicarse el decreto citado a los créditos bancarios de aquella época, ya que ello contradiría el sentido y el fin de tal disposición[334].

En lo que antecede, he considerado de un modo especial la época de la inflación y la siguiente, porque, antes de esos años, no han podido existir casos de usura en la industria bancaria, ni tampoco existirán verosímilmente después del retomo a tiempos de economía normal.

Mas para decidir acerca de casos de usura en épocas normales, hay que tomar en consideración la situación económica en general, los tipos corrientes de interés, los gastos propios del dador del crédito y los riesgos del crédito; al mismo tiempo se atenderá la necesidad, la ligereza y la inexperiencia del tomador del crédito, cosas estas de las que suele abusarse. Muy especialmente se comprobará en qué forma había de emplearse el crédito y cuáles eran a este respecto las intenciones del tomador del crédito.

Si se comprueba la existencia de usura con ocasión del crédito, será nulo todo el contrato[335]. El deudor no estará obligado a cumplirlo y puede reclamar lo entregado en virtud del contrato nulo[336]. Además, podrá exigir la reparación de los daños sufridos[337]. El usurero será perseguido criminalmente[338].

b) Descrédito

El descrédito, que, en atención a su importancia jurídico-civil se designaría mejor como daño en el crédito, requiere, según el § 824 del *BGB,* la propagación culpable de hechos falsos que pueden perjudicar el crédito de una persona, por lo que el culpable está obligado a indemnizar. Debe existir, por consiguiente, la propagación de *hechos* falsos, no bastando, por ejemplo, el emitir determinados juicios, y estos hechos inciertos deben ser motivo del daño sufrido en el crédito. En tanto que no se haya producido un daño, no tiene por qué hablarse de indemniazción[339]; se trata, por consiguiente, no solo de un peligro contra el crédito[340], sino de un daño en el mismo, pues por los daños efectivamente producidos, el peligro del crédito deviene un daño del

22/26-12-23	2 ½-1 ½	por 100	Londres	10	por 100
27 12-23	1	por 100	Londres	10	por 100
28 12-23	1 y más	por 100	Londres	12	por 100
29 12-23	¾	por 100	Londres	20	por 100
31 12-23	½-1	por 100	Londres	30	por 100

334 Del mismo modo, v. Zwiedineck-Sündenhorst, en *B. A.*, 293, y A. Zeiler, en *B. A.*, XXIV, 389.

335 § 138, *BGB.*

336 §§ 812, 817, *BGB.*

337 §§ 812, 817, *BGB.*

338 § 302, a-d, *StGB.* Supuestos de hecho son aquí la explotación de la necesidad, de la imprudencia o inexperiencia, y diferencia desproporcionada entre los intereses y la prestación concedida.

339 *RG.*, 83, 362.

340 Enneccerus, *Schuldverhälnisse,* § 434, núm. 2, dice: «Descrédito es todo ataque a la confianza en la capacidad y en la voluntad de una persona de cumplir sus obligaciones.»

mismo[341]. El daño[342] puede consistir en perjuicio económico, que puede ser compensado en dinero, o en daño espiritual que solo puede ser indemnizado en los casos previstos por la ley. El daño que se ha de reparar comprende también el lucro cesante[343]. La reparación del daño puede consistir en la devolución de determinados escritos[344], así como en la prohibición de su reparto[345]. Solamente al perjudicado en su crédito compete el derecho a la reparación de los daños, pero no a una tercera persona. La propagación de los hechos no precisa que se haga con plena conciencia, sino que basta con que el difamador debiese conocer su falsedad, esto es, que sus noticias fuesen hechas con negligencia[346]. Si el que comunicó la noticia no conocía la falsedad de los pretendidos hechos ni actuó con negligencia, o si los hechos de referencia eran efectivamente perjudiciales para el crédito, pero verdaderos, no existirá ninguna obligación de indemnizar. La carga de la prueba, tanto de la cuantía del daño sufrido como de la falsedad de los hechos propalados o de la negligencia del propagador, recae sobre aquél que pretende haber sido perjudicado en su crédito.

No se produce la obligación de indemnizar, según el § 824, 2, del *BGB.*, si el comunicante o el que recibió la noticia tenían un interés legítimo en ella y la falsedad no era conocida por el primero. Este precepto tiene la finalidad de proteger las informaciones profesionales, pues en estas existe siempre un interés legítimo, al menos, por parte del comunicante[347]. La carga de la prueba de un interés legítimo incumbe a aquél que lo alega; por lo tanto, al comunicante.

Encontramos una más amplia protección del crédito en la ley contra la competencia ilícita, de 7 de junio de 1909. En ella el § 14 dispone que quien con *fines de competencia* propagase o afirmase del negocio de un tercero, del titular o director del mismo, sobre las mercancías o sobre los servicios industriales, circunstancias no demostrables, capaces de dañar[348] el crédito del titular, estará obligado a reparar al perjudicado el daño producido. Se supone que los informes se hacen con el propósito de competir, con lo que se obtiene una importante limitación.

---

341 De otra opinión parece ser el comentario del Tribunal del Reich (al § 824), cuando manifiesta: «No pertenece al supuesto de hecho del § 824 la lesión de un bien jurídico, sino solo su peligro, y se resarce el daño causado por el peligro.» A los bienes jurídicos pertenece el crédito, y si se entiende por él ya la confianza o la posibilidad y disposición de efectuar un contrato de crédito, y es puesto en peligro con tal intensidad que de ello se produzca un daño, en mi opinión el peligro se ha convertido en una lesión.

342 §§ 249-253, 842, *BGB.*

343 *OLG.*, 12, 104, se dirige solo contra la definición dada en el • proceso del lucro cesante, no contra la petición de resarcimiento de daños por el lucro cesante. En cuanto a la extensión del daño patrimonial a resarcir, v. *RG.*, 103, 149.

344 *RG.*, 94-1.

345 *RG.*, 91, 350.

346 Una conducta premeditada recae en los §§ 823, 826 del *BGB.*

347 Sobre los intereses legítimos de la Prensa diaria y de la profesional, *RG.*, 83, 362, y pág. 106, 3.

348 La ley dice aquí: «dañar», no como en el § 824, *BGB.*, «poner en peligro».

La obligación de reparar los daños existirá si el informante conocía la falsedad y, por consiguiente, dio dolosamente falsas noticias, o si la debió conocer, esto es, si obró culpablemente; si se da este supuesto, no podrá alegar el comunicante, en oposición al § 824, 2, del *BGB.*, que tenía un interés legítimo, para que así no se le obligue a resarcir los daños[349]. Si no conocía la falsedad de los hechos ni tenía por qué conocerla, no existirá la obligación de indemnizar.

También el Código penal se ha ocupado del descrédito[350], y lo castiga cuando la afirmación de los hechos falsos se ha hecho conociéndose la falsedad de los mismos. Se precisa, pues, una acción dolosa, ya que el concepto de consciencia coincide con el dolo[351], no requiriéndose, por el contrario, un daño efectivo para la punibilidad de la acción. Penalmente basta con el peligro del crédito, mientras que civilmente todo está basado en el daño del mismo. El concepto del interés legítimo tampoco es conocido por el Código penal, porque es irreconciliable con el obrar consciente; no se puede tener ningún interés legítimo en afirmar conscientemente hechos falsos. Pero el Código penal prevé que puede serle reconocido al injuriado (en cuyo concepto puede comprenderse aquél cuyo crédito ha sido puesto en peligro) el derecho a la obtención de una multa, en tanto que la injuria traiga consigo consecuencias económicamente perjudiciales para el injuriado.

Pero si se analiza la importancia que las disposiciones sobre el descrédito tienen para los Bancos, se comprobará que es extraordinariamente pequeña, porque normalmente la única zona en la que puede darse el hecho del peligro de crédito es en la de suministro de informes. La responsabilidad del Banco por un falso informe sería, por un lado, frente a aquel a quien se ha proporcionado el informe, y, por otra parte, frente a aquel sobre quien se da. El primero, esto es, el receptor del informe, no puede basarse, para hacer valer su daño, en el § 824 del *BGB.*, pues los hechos pretendidos no se refieren a él, sino a un tercero, cuyo crédito ha sido puesto en peligro; el supuesto de hecho del descrédito, no se produce para él[352]. Solamente aquel sobre quien se hace el informe puede pedir indemnización de daños en virtud del § 824, pero en este

349 Probado el interés legítimo, el perjudicado solo podrá pretender que cese la afirmación o difusión de los hechos si estos hubiesen sido afirmados o difundidos en contra de la verdad, aun cuando el informante no conociese ni debiese conocer la inexactitud de los mismos. Por el contrario, según el § 6, 2, de la ley para combatir la competencia ilícita, de 27-5-1896, el informante era absuelto de la obligación de resarcir daños si probaba el interés legítimo.

350 §§ 187, 188, *SIGB.* Prisión hasta dos años, y si hay circunstancias atenuantes, multa de hasta 900 marcos.

351 MEYER-AHLFELD, § 25, núm. 6; no es suficiente una conducta culposa para que se dé el tipo del § 187 del *StGB.*

352 Responsabilidad por el solo hecho de un informe, según el § 676 del *BGB.*, no existe aun cuando se haya hecho con negligencia o culpa grave. Responsabilidad existe solo si el informe falso ha sido proporcionado con intención, esto es, si existe una conducta dolosa del comunicante o si entre él y aquel a quien se da el informe existe una relación contractual; en cualquiera relación de negocios entre el Banco y los clientes no puede verse semejante relación contractual. V. sobre esto *Bankgeschäftl. Formulabuch*, pág. 12, notas 58 y 59. Por el contrario, la relación de confianza existente en un contrato de cuenta corriente debería librar de la responsabilidad, según el § 676 del *BGB.*; *RG.*, 27, 121.

caso, el Banco podrá invocar siempre el apartado 2 de este parágrafo, pues los Bancos suministran informes[353] solo a petición, y aquel que solicita un informe de un Banco tiene, sin duda alguna, un interés legítimo en la determinación de la situación patrimonial de aquel sobre quien se da el informe. Además, los Bancos se protegen con la inclusión de una cláusula fija[354] en sus informes, según la cual el informe solo está destinado a aquel que lo solicita, no a terceros que no tengan un interés legítimo en los mismos. Si el informe llegase a manos de un no autorizado, la responsabilidad para la indemnización de daños no correspondería al Banco, sino a aquel a quien lo proporcionó el Banco y por cuya conducta negligente ha sido puesto en circulación, de modo que en cierto modo es él quien ha afirmado y difundido los hechos inciertos[355].

c) Estafa

Existirá una estafa con ocasión de crédito si alguien se procura un crédito[356], que no hubiese obtenido de otro modo, mediante la alegación de hechos falsos o por la alteración o simulación de hechos verdaderos. La persona que no era digna del crédito obtiene así, de un modo ilegal, un lucro ilícito, perjudicando económicamente al acreditante. Se equipara la prórroga de un crédito ya concedido a la obtención.

La alegación, la alteración y la simulación presuponen una conducta intencionada y, por consiguiente, dolosa: una conducta culposa contradiría la esencia de la estafa. El acreditado deberá saber que el crédito no le habría sido concedido ni prorrogado si no hubiese dado los informes falsos[357]. Jurídicamente, se presenta la estafa de crédito como la estafa real, castigada en el § 263 del Código penal.

Los casos más frecuentes en la práctica son aquellos en los cuales el acreditado obtiene un crédito en virtud de unas garantías ofrecidas como valiosas —más tarde se comprueba que carecen de valor—, a sabiendas de que no lo son en absoluto o en la debida proporción. También abundan los casos en que se dan al Banco para su descuento letras de cambio cuyo valor se da como recibido en «mercancías», aunque solo se trata de «letras de complacencia», estando claro para el tenedor que el Banco hubiera rechazado le letra en cuan-

353 Las informes sobre crédito versan siempre sobre la situación y relaciones patrimoniales de aquel sobre quien se da el informe, mientras que en los informes privados se habla también de sus demás relaciones.

354 Esta tiene casi siempre el texto siguiente: «Este informe que le entregamos se basa en las noticias proporcionadas por terceras personas, y se lo proporcionamos para que use de él discretamente, sin responder de su exactitud. Con esto declinamos toda responsabilidad. Si no estuviese conforme, devuélvanos inmediatamente el informe, sin utilizarlo.»

355 Responsabilidad también eventualmente, según §§ 823, 826, *BGB.*; comp. pág. 172, nota 346.

356 Puede tratarse aquí lo mismo de un crédito en dinero, que de un préstamo, que de un crédito sobre mercancías; en la industria bancaria, solo existen los créditos monetarios.

357 En el contrato de crédito hace el tomador la promesa de devolver el importe del crédito, llegado el vencimiento. Si supiera que no le será posible hacer la devolución, mientras que el dador cuenta firmemente con ello, se habrá hecho con ello culpable de la estafa de crédito (*RGSt.*, 24, 26).

to supiese que no descansaba absolutamente en una operación comercial[358]. Del mismo modo que para la naturaleza jurídica de la estafa con ocasión del crédito es indiferente que se trate de la obtención de un nuevo crédito o de la prórroga de uno antiguo; tampoco tiene importancia que las garantías sin valor hayan sido proporcionadas entonces o habiéndolo sido antes, pero sufrido entretanto una desvalorización, continúan designándose como valiosas. De esto último es ejemplo clásico el cobro de derechos de créditos cedidos de un modo interno por el mismo cedente sin notificarlo al cesionario ni devolverle el importe, donde, sin embargo, puede tomarse el crédito, tanto antes como después, en su cuantía no modificada[359]. El perjuicio al acreditante se produce, no solo porque no le sea devuelto o lo sea parcialmente el importe del crédito, sino que fue ya perjudicado cuando entregó el importe de valor efectivo del crédito contra garantías de menor valor o por la letra: el perjuicio se produce, pues, con la concesión del crédito o, en su caso, con el descuento de la letra[360].

Son numerosos los medios de que disponen los Bancos que han sido perjudicados por una estafa con ocasión de un crédito para deshacer la operación y reintegrarse de su dinero; pero nunca dan resultado en la práctica, salvo excepciones, porque el estafador es casi siempre insolvente y la persecución criminal del caso produce, indudablemente, una satisfacción al Banco, pero raramente le proporciona dinero. En primer lugar, el Banco puede impugnar la operación por error sobre la capacidad crediticia del estafador o sobre el valor de garantías suministradas, y obtener así la nulidad de la operación[361]. Tiene, además, una acción por enriquecimiento injusto contra el estafador (§ 812 del *BGB.*); pero responderá eventualmente de los daños causados, según el § 122 del *BGB.*, no llegando así a obtener un resultado satisfactorio. Si el Banco impugna la operación por engaño fraudulento, podrá pedir indemnización por daños[362], puesto que simultáneamente existirá una acción ilícita: la estafa. Aquí queda el Banco en una situación más ventajosa que en la impugnación por error si el estafador es solvente. En ambos casos de impugnación, tanto en el de error como en el de engaño fraudulento, la operación de crédito será nula desde un principio y el Banco no podrá hacer valer ningún derecho derivado del contrato de crédito. Para finalizar, diremos que el Banco está autorizado,

358 *RGSt.*, 36, 367.

359 La jurisprudencia penal del Tribunal del Reich III, 477, considera que existe estafa de crédito en el cobro por el cedente de un derecho cedido internamente, porque por la cesión el derecho no es ya propiedad del cedente, sino del cesionario, y aquél debe abstenerse de todo acto de disposiciones sobre el mismo. Pero si la cesión interna se ha efectuado estando expresamente autorizado el cedente para hacer efectivo el derecho, pero con la obligación de abonar su importe al cesionario o de hacerle saber el ingreso del mismo, en este caso la estafa estará en la omisión del aviso, hecha con fines de engaño, o en la omisión de la remisión del importe del derecho en los créditos no disminuidos.

360 Comp. sobre esto *RGSt.*, 36, 367, y además pág. 49, nota 53.

361 §§ 119, 142 del *BGB.*

362 §§ 123, 142, 823, 2, del *BGB.*, en relación con el § 263 del *StGB.*, o del § 826 del *BGB.*; comp. con PLANCK, § 119, nota VI, 4 y § 123, nota IV. La impugnación debe hacerse dentro del plazo de un año, a contar del momento en el que se descubrió el engaño malicioso.

en virtud de las condiciones generales[363], a dar por concluido inmediatamente el contrato de crédito, pudiendo rescindirlo, aun cuando haya sido convenido un plazo de denuncia en el que se conceda al deudor el completar las garantías, de tal modo, que ofrezcan al Banco la misma seguridad que cuando se constituyeron; ya que si las garantías, en el momento de su constitución, no tenían ya valor, el pacto es por ello nulo. Tampoco podrá alegarse contra el Banco que la situación patrimonial del deudor ha empeorado[364], porque, en el supuesto de una estafa, aquélla era ya mala en el momento de efectuarse la operación de crédito. Por la disolución del contrato vence el crédito otorgado; el Banco podrá, ante el impago, vender las garantías que todavía existan y deberá demandar el pago del resto. Hasta qué punto tendrá éxito en ello, depende de las *relaciones* patrimoniales del deudor. Los casos de estafa implican generalmente perjuicio económico para el estafado, y no existe en la práctica medio alguno de protegerse totalmente contra tales estafas.

7. El crédito en la quiebra

Si el acreditado quebrase, el acreditante se dirigirá con su derecho contra la masa, y no tiene acción contra la masa de la quiebra para el pago separado sobre los bienes de la masa[365]. Si el préstamo hubiese vencido, se inscribirá en la quiebra, pero si se tratara de un derecho de crédito sometido a un plazo, esto es, que ya ha nacido, pero cuya época de vencimiento no ha llegado todavía, como es lo corriente en créditos que han sido concedidos por un plazo determinado o que pueden ser denunciados, se tendrá como vencido a efectos de la quiebra[366], y ambas clases de derechos, tanto los diferidos o aplazados como los exigibles, percibirán su dividendo. Si el vencimiento del préstamo dependiera de una condición resolutoria, es decir, de la realización de un acontecimiento incierto, con lo que el vencimiento está, no solo aplazado, sino, incluso, indeterminado, se reputará tal derecho como no sometido a condición[367]. Las obligaciones bajo condición suspensiva y que, por lo tanto,

363 Comp. *Bankgeschäftl. Formularbuch*, pág. 3, párr. 1.

364 §§ 610, 321, *BGB.*; comp. págs. 48 y ss.

365 §§ 3 y 4, *KO.*

366 § 65, *KO.* Si el acontecimiento de que depende el vencimiento del derecho es de realización segura, el derecho estará aplazado, y si fuese inseguro, sería un derecho condicionado. Acerca de los derechos sometidos a plazo, Endemann, parte I, § 79, nota 9; en los derechos sometidos a plazo el derecho y las acciones han nacido y solo está aplazada la ejecución de la prestación, la acción de ejecución (§ 609, *RGB.*). La deducción de los intereses en aquellos derechos a término que han sido devueltos a la masa de la quiebra antes del vencimiento, solo se hace tratándose de derechos que no producen intereses (§ 65, *KO.*) en interés de la masa de la quiebra (comp. Jaecer, § 65, nota 5: Wilamowitz, § 65, nota 3). Según los §§ 272, 813, 2, *BGB.*, no existe un derecho del deudor a la deducción o abono de tales intereses.

367 §§ 66, 168, n. 4, *KO.* En la vida bancaria este es un caso frecuente, cuando se concede un crédito bajo la condición de cue se retirará cuando se constituya una hipoteca o un préstamo. La condición resolutoria que producirá el vencimiento es la constitución de la hipoteca o la obtención del préstamo. Sobre condición y plazo, v. Planck, § 163, nota 1; Jaeger, § 65, y Wilamowitz, § 65, que equiparan denunciable y aplazado.

nacerían con la realización de un acontecimiento incierto, no son, desde luego, corrientes en la vida bancaria; tales obligaciones solo conceden derecho a una garantía[368].

Si se trata de un crédito en cuenta corriente, debe antes subrayarse que con la apertura de la quiebra concluyen las relaciones de cuenta corriente. Las operaciones todavía pendientes serán terminadas, y su importe incluido en la cuenta corriente, aun después de la apertura de la quiebra[369]. Inmediatamente se liquidará la cuenta corriente, y se inscribirá en la quiebra del deudor el importe del derecho de crédito que resulte en favor del acreditante, que coincide con el saldo de la cuenta corriente[370].

Si al iniciarse el procedimiento de la quiebra, el acreditante y el quebrado como acreditado no hubiesen ejecutado completamente el contrato de crédito, al que considero como recíproco[371], si se han suministrado garantías, el síndico de la quiebra podrá cumplirlo en sustitución del quebrado, así como pedir su cumplimiento al acreditante[372]. No estará cumplido el contrato si ni el acreditante ha concedido el crédito de un modo efectivo[373] y completo, ni el tomador ha constituido las garantías convenidas; estará parcialmente cumplido, si el importe del crédito solamente ha sido pagado en parte y las garantías no han sido dadas aún, o no lo han sido por completo. Si, por el contrario, el importe del crédito hubiese sido pagado íntegramente por el acreditante y lo hubiese recibido el acreditado, no tendrá aplicación la indicación precedente; el acreditante se dirigirá contra la masa, pues el pago realizado por él ha llegado a integrarse en la misma; no obstante, podrá reclamar resarcimiento de daños por el incumplimiento del contrato[374]. Si se declarase en quiebra el acreditado, después de la conclusión del contrato de crédito bilateral en el que se ha obligado a la constitución de garantías, sin haber recibido aún el importe del crédito, tendrá derecho el acreditante, sin consideración a la cuantía de las garantías proporcionadas, a retrasar el pago, en tanto que no se le garantice debidamente la devolución[375].

---

368 §§ 67, 140, *KO.*

369 La terminación de la relación de cuenta corriente por la apertura de la quiebra no produce el efecto de dejar sometidos al embargo de terceros los derechos del quebrado contra el Banco, vencederos con posterioridad a la apertura; tales derechos habrán de llevarse igualmente a la cuenta corriente, en virtud del contrato de cuenta corriente, evitando así que pasen a terceros (*RG.*, 22, 148 y s.).

370 En la quiebra se incluye el saldo de la cuenta corriente, no las distintas partidas de la misma, *RG.*, 93, 14.

371 § 320 y s., *BGB.*, o como dice el § 17 *KO.*, contrato «bilateral» (comp. § 18 y s.).

372 § 17, *KO.* El Banco se libera en estos casos de la relación de negocios en virtud de las condiciones generales de contratación.

373 Si el crédito hubiese sido abonado en cuenta al tomador del mismo por el dador, pero el pago debería efectuarse con la condición de que las garantías a proporcionar por el deudor hayan sido va constituidas, no habrá cumplido por completo el acreedor en el sentido del § 17, *KO.*

374 § 26, *KO.*, § 326, *BGB.*

375 § 321, *BGB.*, en relación con el § 26, *KO.*, comp. pág. 51.

En principio, el acreditante solo tiene por su derecho una acción, como acreedor de la quiebra, contra la masa de la misma. Pero si se ha constituido una hipoteca o pignorado una cosa mueble para garantía del acreditante, no se extinguen estos derechos por la apertura de la quiebra, y puede pedir pago preferente, mediante la subasta judicial del inmueble o de la cosa pignorada, y procurarse el pago de su derecho sobre el remate independientemente de la quiebra. El sobrante, si lo hubiere, habrá de entregarse a la masa[376]. Al síndico de la quiebra deberá notificársele sobre qué objeto y por qué obligaciones se solicita el pago preferente[377]. Si no hiciese la advertencia, el acreedor responderá de los daños que por ello se originasen. Independientemente de la acción para el pago preferente, tiene derecho el dador del crédito a solicitar la inclusión del importe total de su derecho en la masa del acreditado; pero solo recibirá un pago proporcional por aquella cantidad por la que hubiese renunciado a obtener un pago preferente o por la no cubierta con este; es el llamado derecho de diferencia o déficit[378]. Al derecho de prenda contractual se equipara el legal y el de embargo.

Si no se hubiese constituido al acreditante un derecho de prenda sobre una cosa mueble, sino que le hubiese sido cedida en garantía tendrá, en virtud de su derecho de propiedad (que no es un derecho de prenda, sino que es mucho más amplio), que, naturalmente, no puede extinguirse por la declaración de quiebra, y no solo un derecho de preferencia, sino uno de separación[379]. Puede separar, pues, efectivamente el objeto dado en garantía de la masa de la quiebra y procurarse el pago fuera del procedimiento de la misma mediante su enajenación libre; el excedente deberá abonarlo al síndico de la quiebra, es decir, que este tendrá derecho a reclamárselo por enriquecimiento injusto. El síndico podrá, por su parte, oponerse a la separación, pagando la cantidad adeudada como crédito. Sobre esto ya se ha indicado en la página 153 que la posición jurídica del acreditante que obtiene esa garantía no es indiscutible y que no se le quieren atribuir más derechos que los de un acreedor pignoraticio con derecho de preferencia; pero este criterio desconoce la significación económica y jurídica de la transmisión en garantía y se hace de ella una figura híbrida. Prácticamente, la diferencia está en que el acreditante, en tanto que tiene un derecho de separación, puede reclamar el objeto dado en garantía del síndico de la quiebra y puede enajenarlo, bien libremente, bien del modo más conveniente, e incluso puede quedarse con la cosa por un precio adecuado; pero si solo tiene un derecho preferente, solo podrá, si tiene el objeto en su poder, venderlo mediante la subasta pública judicial, observando las

376 El pago preferente se efectúa fuera del procedimiento de la quiebra (§ 4, 2, *KO.*). Para el reconocimiento de un derecho preferente o de separación precisa el síndico de la quiebra el consentimiento de la junta de acreedores (§ 133, n. 2, *KO.*).

377 §§ 118-120, *KO.*

378 §§ 64, 153, *KO.* Renuncia al pago preferente cuando la prenda no tiene valor para el acreditante, p. ej., a consecuencia de un recargo elevado anterior.

379 § 43, *KO.* Tiene también derecho a la contraprestación por la cosa separable, pero enajenable, mientras la enajenación esté pendiente, pudiendo exigir la contraprestación de la masa en tanto haya afluido a esta al abrirse la quiebra.

disposiciones legales sobre la venta de la prenda[380], y en el caso de que la cosa esté en posesión del síndico de la quiebra, tendrá este derecho a venderla, observando las mismas reglas, con lo que al acreditante solo corresponde un derecho sobre el remate[381]. La cuestión básica es quién puede y de qué manera vender el objeto dado en garantía. También en la transmisión en garantía se sobreentiende que el acreditante puede solicitar la inclusión en la quiebra de su derecho como derecho de preferencia, o en su totalidad, renunciando al derecho de separación.

La fianza no se extingue tampoco por la apertura de la quiebra sobre el patrimonio del deudor. Con la fianza queda el acreditante en situación más favorable que con un derecho de prenda o una transmisión en propiedad, en cuanto que tiene derecho para solicitar la inclusión total de su derecho en la quiebra y participar en la liquidación por todo él, sin consideración a la fianza existente. Pero si su derecho sobrepasare la suma afianzada, podrá en primer término exigir de la masa satisfacción proporcional por el importe total y después demandar al fiador, sin que deba compensar lo recibido en tanto no le haya sido satisfecha por la masa también la suma afianzada[382].

Finalmente, debe advertirse que los derechos de garantía del acreditante no se extinguen por un convenio[383] preventivo. Si el acreditante ha consentido en un convenio, el fiador no puede alegar que aquél ha renunciado a sus derechos[384] o que el cumplimiento de sus obligaciones contra el fiador es contrario a la buena fe, y quedando de tal suerte él[385] libre de la fianza[386].

---

380 Si las condiciones generales de contratación hubiesen excluido estos preceptos, tendrá también efecto para la venta de una prenda hecha después de la apertura de la quiebra, ya que esta no deja en suspenso aquellas condiciones (pág. 103, nota 177).

381 § 127, *KO.*

382 Para no hacer disminuir este derecho se pacta en el contrato de fianza que el derecho del dador del crédito pasa al fiador si el primero ha sido pagado por sus acciones contra el deudor principal (§ 374, *BGB*§ 68, *KO.*; *Bankgeschäftl. Formularbuch,* pág. 111, Advert. preliminar, apart. 5-8).

383 § 193, *KO.*

384 §§ 397, 770, *BGB.*

385 § 242, *BGB.*; comp. pág. 76, nota 114.

386 Sobre los deberes del acreedor frente al fiador, comp. pág. 76.

Segunda parte

El crédito en particular

Los preceptos jurídicos generales sobre el crédito tienen aplicación por igual a las distintas clases de operaciones de crédito, independientemente de que se trate, por ejemplo, de un crédito en cuenta corriente, de un crédito cambiario o de un crédito contra documentos; pero las distintas clases de operaciones de crédito se basan en una serie de disposiciones especiales. Misión de los capítulos que siguen será dar a conocer estas disposiciones legales, relacionándolas con las generales sobre el crédito, así como la significación práctica de esas operaciones.

1. El crédito en cuenta corriente

El Código de Comercio alemán indica lo que debe entenderse por cuenta corriente en su § 355, es decir, la relación de negocios existentes entre un comerciante y otra persona, en virtud de la cual los derechos, prestaciones e intereses recíprocos que resulten de esta relación serán sentados en cuenta para compensarlos y deducir el saldo en ciertos períodos regulares. El contrato de cuenta corriente no es, pues, de ninguna manera, un contrato de crédito, ya que las pretensiones y prestaciones recíprocas, los intereses y la compensación no presuponen la concesión de un crédito. Esto se deduce mejor de la situación de cuenta corriente existente entre un Banco y sus clientes. El cliente tiene en su Banco un capital —en el que nadie podrá ver una concesión de crédito del cliente al Banco—; tiene, por consiguiente, una acción contra el Banco; compra efectos en virtud y en el marco de su capital, con lo que surge una acción del Banco contra él; le paga de nuevo, hace aceptar giros, etc., con lo que surgen acciones y prestaciones recíprocas, sin que normalmente se obtenga un crédito por alguno de los contratantes. Estas prestaciones y acciones recíprocas son contabilizadas en el Debe y en el Haber de la cuenta corriente, devengan intereses y se compensan, con lo que ni se origina una relación de crédito ni necesita originarse, lo que, además, se deduce que ambas partes aplican el mismo tipo de interés, a no ser que expresamente se haya concedido un crédito a una de las partes[1].

1 Muy acertadamente dice con este motivo Courcelle-Seneuil. en su trabajo *Les opérations de banque* (citado en *Buff Das Kontokorrentgestchaft,* 1904): «Hay cuentas (corrientes) que conceden crédito al banquero, otras lo requieren del mismo, y otras, en fin, se lo requieren y se lo conceden alternativamente». Tampoco Staub ve en el contrato de cuenta corriente

En cambio, una operación de cuenta corriente puede estar en relación con una operación de crédito —en la vida bancaria generalmente se trata de una operación de crédito unilateral, en la que el Banco aparece como dador del crédito—. A falta de otros acuerdos, este crédito, coincidiendo con la naturaleza jurídica de la cuenta corriente[2], es denunciable diariamente, o, con expresión bancaria, vencedero diariamente; sin embargo, es posible que se presenten excepciones en las que un crédito haya sido concedido en cuenta corriente por tiempo fijo determinado o indenunciable[3]. Pero si se trata de un crédito diferido, será este sentado generalmente, no en la cuenta corriente, sino en una cuenta separada, de tal modo que esta última transacción constituye siempre en la práctica la excepción.

Justamente es esencial en el contrato de crédito en cuenta corriente que no se extingue por la devolución parcial o total de su importe mediante pagos del tomador del crédito en su cuenta bancaria[4], sino que puede disponer de él nuevamente, y, en consecuencia, solo se tiene en cuenta para el abono de intereses aquella cantidad de que se haya dispuesto en el momento. De aquí se sigue que las garantías proporcionadas por un crédito en cuenta corriente, ya se trate de una prenda, una fianza o una transmisión en garantía, subsisten mientras el derecho de crédito garantizado está contenido en el saldo. Por lo tanto, las garantías constituidas no se extinguen con la novación implicada por el saldo[5], sino que responden por el crédito en cuenta corriente tomado después de hacer el saldo, pero estipulado anteriormente[6]. Lo mismo decimos de las hipotecas de seguridad, pero no de las hipotecas ordinarias o de tráfico, que por el pago llegan a ser deudas territoriales del propietario, y por nuevos créditos no responden en la cuantía de la deuda territorial del propietario, por lo que no son adecuadas para garantía de un crédito de cuenta corriente variable[7].

El crédito en cuenta corriente es independiente de la persona de los contratantes. El *HGB.* prescribe tan solo que una de las partes debe poseer la calidad de comerciante, si han de aplicarse las disposiciones del § 355 y siguientes[8].

---

un contrato de crédito, en contra de la opinión común anterior. Vid. § 355, nota 7, así como *RG.* 88, 376.

2 § 355, párrafo 3, *BGB.*

3 Sobre la carga de la prueba en tal pacto, comp. *RG.*, 88, 373.

4 Es siempre reguladora la voluntad presunta de las partes. Si fuese devuelto un crédito variable en cuenta corriente sin hacer cesar la cuenta corriente misma o sin adoptar ningún otro acuerdo con respecto a la relación de crédito, se reputará como no extinguido el contrato de crédito y este queda abierto al cliente, como al abrirlo.

5 § 356, *HGB.*

6 Comp. pág. 73, nota 118. La sentencia del Trib. del Reich, publicada en *B. A.*, VII, 203, según la cual, ante frecuentes saldos solo pueden ejecutarse las garantías dadas por el saldo inferior, no es aplicable en esta forma abstracta al crédito de cuenta corriente, si al conceder el crédito se fijó que se trataba de la garantía de un crédito variable en cuenta corriente.

7 Comp. pág. 112, nota 206.

8 Una relación de cuenta corriente y un crédito en cuenta corriente pueden existir aun entre no comerciantes.

Esta calidad de comerciante existe siempre por parte del Banco; por ello, el cliente, aunque puede, no necesita serlo. Del mismo modo no tiene ninguna clase de influencia sobre la cuenta corriente la clase de garantía del crédito. Este puede ser tanto un crédito en blanco como un crédito con garantía real. También el modo de disponer la aplicación del crédito[9] carece de importancia; por lo tanto, el tomador del mismo puede disponer de aquél al contado, mediante cheques o libramientos. Si remitiera letras el cliente para su descuento y dispusiera de su contravalor en cuenta corriente, no se tratará de un crédito en cuenta corriente, sino de un crédito cambiario, pues entonces el cliente no adeuda nada en la cuenta corriente, pues solo dispone del contravalor de la letra descontada, sentado en la cuenta abierta. Por el contrario, el crédito en cuenta corriente no puede devenir crédito cambiario, cuando el acreditante se hace entregar una letra a la vista[10] por el importe del crédito que conserva en depósito, esto es, una de las llamadas letras de garantía, puesto que el descuento de una letra semejante girada a la vista es, naturalmente, imposible.

El crédito de cuenta corriente no se extingue por la muerte o la quiebra de los contratantes. Estos sucesos solo tienen trascendencia para el vencimiento del crédito, puesto que, por la apertura de la quiebra, termina la cuenta corriente[11] y, por la muerte del tomador acreditado, se ve obligado el acreditante a provocar el vencimiento del crédito. Como ya se ha indicado, en caso de duda, la cuenta corriente y, por lo tanto, el crédito ligado a ella, puede ser denunciada en cualquier momento, aun también en el transcurso del período de liquidación. Sometido aquél a un plazo de denuncia, será este suprimido por la apertura de la quiebra, y el crédito en cuenta corriente[12] se reputará como vencido.

Si se tratase de un crédito en cuenta corriente y no, por ejemplo, de un préstamo fijo en dinero, las cantidades tomadas sobre el crédito se sentarán en la cuenta corriente; así no será posible demandar por estas sumas independientemente de los demás asientos de la cuenta corriente[13]. Solo podrá demandarse por la diferencia en más que resulte del saldo en beneficio del acreedor; en tanto que el crédito ha sido agotado por contra asientos, se con-

---

9 En tanto que el acto jurídico no vaya contra las buenas costumbres y sea nulo por ello (§ 138, *BGB.*). Hasta qué punto pueden computarse, esto es, ser jurídicamente válidos créditos por operaciones diferenciales o por operaciones bursátiles a término prohibidas, véase Lehmann, pág. 780, *Bankgeschäftl. Formularbuch,* pág. 28.

10 Comp. Staub-Stranz, art. 82, nota 27.

11 Comp. pág. 181.

12 § 65, *KO.;* véase pág. 180.

13 Comp. sobre esto las cláusulas generales de los Bancos, en las que todas las cuentas del cliente forman una cuenta corriente unitaria, en el sentido del *HGB.,* independientemente de su calificación (por ejemplo, cuenta separada, cuenta en dinero a plazo, cuenta abierta) e independiente de la moneda en que se lleva la cuenta. Según esto, el Banco no tendría derecho a exigir un préstamo monetario determinado que no hubiese sido incluido en la cuenta corriente independientemente de las demás cuentas del cliente. Para impedir esto, determinan las cláusulas generales que, aparte de aquel principio, el Banco tiene derecho a exigir por separado los saldos aislados de las distintas cuentas, e incluso, para fines determinados —p. ej., para créditos—, organizar cuentas fuera de la corriente. Comp. *RG.,* 19, 5, 1920, en *B. A.,* XX, 41, y *Bankgeschaftl. Formularbuch,* pág. 2, núm. 1.

sidera como extinguido[14]. Esto valdría también para las letras cargadas en cuenta, si los Bancos no se reservan expresamente en sus condiciones generales de contratación el derecho de poder demandar estas cantidades con sus prestaciones accesorias, aun cuando ya hubiesen sido cargadas al cliente en cuenta corriente[15].

Aquella diferencia en más está sometida a embargo por parte de los terceros acreedores de aquel en cuyo beneficio resulte. El saldo que aparezca en contra del Banco por un crédito de cuenta corriente es embargable por los acreedores del cliente de que se trate. Pero el Banco tiene derecho a deducir de este sobrante todos aquellos derechos de crédito que tengan su base en negocios o en otro motivo jurídico anterior al embargo, aun cuando esos derechos de crédito no hayan vencido aún en el momento de hacerse aquél[16].

2. EL CRÉDITO CAMBIARIO

El crédito cambiarlo o crédito de descuento es, después del crédito de cuenta corriente, la forma más usada de concesión y utilización del crédito. Naturalmente, no será objeto de este capítulo dar una ojeada sobre las disposiciones legales de la Ordenación cambiaría, sino que tan solo se hará la exposición de las relaciones jurídicas que resulten del crédito cambiario.

La letra es, en la concepción dominante, un título valor que nace por un acto unilateral escrito del librador en la forma prescrita por la ley[17], y que contiene una promesa de pago abstracta[18]. En virtud de esta definición de la letra se entiende por crédito cambiario o de descuento el crédito que se concede sobre una letra[19] y que resulta asegurado por la misma, de tal modo, que la garantía se verifica mediante la transmisión al acreedor de los derechos cambiarios, mientras que este concede crédito en la cuantía del importe de la letra, deducción hecha de los intereses entre el día del pago y el del vencimiento de

14 La ley expresa esto diciendo que aquel a favor de quien resultare un saldo después de la liquidación podrá reclamarlo. Comp. también *RG.*, 105, 233.

15 *Bankgeschaftl. Formularbuch,* pág. 11, núm. 13.

16 § 357, *HGB.*

17 Art. 4.°, 7, *WO.* [Para el Derecho español, cfr. art. 444, C. de c., en relación con el 450. Art. 144, Ley del Timbre de 18 de abril de 1932.]

18 En tanto que se trate de letras propias, pues en las letras piradas hay un mandato de pago. Véase LEITER *Bankbetrieb,* pág. 465. Le letra es siempre un título directo (nominativo) o a la orden, pero nunca al portador. [Para el Derecho español, cfr. C. de c., art. 444, número 3 (letra a la orden), y 466, § 1.° (letra no expedida a la orden = letra nominativa).]

19 Estos créditos cambiarios se dan, en la mayoría de los casos, en la forma de aceptaciones, esto es, al menos con dos firmas, la del librador y la del aceptante, y raramente en la forma de letra a la propia orden. Las letras giradas no son adecuadas para el crédito cambiario, no siendo aptas para el descuento, y generalmente se libran con la cláusula «sin gastos» (art. 42, *WO.*). Si las letras giradas debieran servir de base para un crédito, será esto posible mediante la cesión del derecho. Véase *Bankgeschäftl. Formularbuch,* pág. 11, núm. 41.

la misma[20]. Debe tratarse de un crédito, de un préstamo, que el deudor cambiario obtiene del acreedor descontante de la letra. Pero no se habrá recibido un préstamo, si se paga con una letra una operación sobre mercancías; aquí solo puede existir un aplazamiento del precio de la compra entre el vendedor y el comprador de aquéllas[21].

Tampoco se trata de un préstamo, cuando alguien compra un descuento particular; aquí existirá una compra con la finalidad de colocar un capital.

El interesado podría haber comprado, del mismo modo, cédulas hipotecarias o acciones; pero, a causa de la fácil realizabilidad de los descuentos privados, compra estos sin la intención de verificar una operación de crédito cambiario. Este es un crédito de descuento o un crédito de aceptación. En el primer caso, descuenta el acreditante un pagaré o una letra girada a la propia orden del librador acreditado, o a su propio cargo, o una letra sobre mercancías girada por este. Como obligación causal del descuento aparece siempre una operación de crédito, pero nunca una operación sobre mercancías, ni siquiera aquella con ocasión de la que se ha librado una letra de mercancías. Por consiguiente, el derecho de crédito causal derivado de la operación sobre mercancías o de cualquier otra nunca pasa al acreditante descontante mediante el descuento[22] y [23]. Las partes no se proponen, con el descuento de una letra, comprarla y venderla, para con los intereses, comprar al vencimiento, sino que su intención es realizar una operación de crédito, para la que eligen la forma de la letra, a causa de que el rigor cambiario formal y material inclinan el ánimo del dador del crédito a concederlo, y generalmente hacen el crédito más barato[24]. De un crédito de aceptación se habla cuando el Banco —aquí

20 Y sin duda en la cuantía de la suma cambiaría; la acción del dador del crédito está limitada por el art. 50, 51, *WO.*, siendo decisivo para la seguridad del tráfico cambiario el contenido del documento. Comp. *RG.*, 17, 3, 1925, en *B. A.*, XXIV, 364, y la nota 407. Si se hubiese extraviado la letra, la amortización se hará según el artículo 73, *WO.*, en relación con el 40 de la misma ley.

21 §§ 452, 454, *BGB.*; así también Senff. A., 63, pág. 391.

22 En sentido parecido manifiesta el RG., 93, 26: «Aquel que adquiere así la letra (por descuento), y siempre en el caso de endoso, recibe incluso contra el descontante los derechos de la letra. No propiamente el descuento, sino el negocio causal subyacente, tiene los caracteres de la compra, y solamente de él pueden derivarse otras obligaciones, además de las cambiarías, frente al adquirente de la letra. A falta de otros acuerdos, responde aquél a este, además, del negocio causal, según el § 437, *BGB.*, solo de la existencia de la letra y de los derechos en ella incorporados y transmitidos por el endoso.»

23 Una acción de valoración del dador del crédito descontante no existe ni en virtud de la operación comercial causal ni de la operación de crédito, a no ser que su valoración se hubiese pactado, lo que no puede presumirse en una letra girada en marcos. El otorgante del crédito tiene una acción para pedir la devolución del crédito en marcos indicado en la letra (arts. 50 y 51, *WO.*, y *RG.*, 17, 3, 1925, en *B. A.*, XXIV, 364). Acerca de la cantidad valorable en marcos en los cambios de moneda, véase *RG.*, 108, 337; art. 37, *WO.*

24 No puede aprobarse lo manifestado expresamente por el Tribunal del Reich (publicado en *Rechl.*, 1907, n. 3.631: «El descuento de una letra se presenta jurídicamente por lo general como la compra de la misma, aunque económicamente pueda conseguirse con él, como por un préstamo, la obtención de dinero.» *Düringer Hachenburg*, vol. 3, apéndice IV, pág. 511, decide la cuestión acerca de si se trata de compra o préstamo del modo siguiente: «Con arreglo a esto, la concesión del importe de una letra será préstamo si del

solo se presentan los Bancos como acreditantes— lo concede, de tal modo, que se hace librar por el acreditado y acepta esta letra. Tal aceptación bancaria la puede entregar el acreditado como pago de una deuda por mercancías, y en este caso propiamente no hay ningún crédito, ningún préstamo, o hace descontar la letra en el propio Banco aceptante o en otro establecimiento de crédito, y obtiene así en el importe del préstamo el crédito cambiario propio.

La capacidad cambiaría, es decir, la capacidad para poderse obligar cambiariamente coincide con la capacidad crediticia[25].

El crédito cambiario es un crédito personal y de fianza. Los distintos obligados cambiarios, el librador, el aceptante y los endosantes, responden solidariamente por el crédito, de tal manera, que si el aceptante no pagó, llegado el vencimiento del crédito cambiario, pueden ser obligados por el tenedor legítimo de la letra a pagarlo en sustitución de aquél[26], suponiendo que se haya asegurado el regreso por falta de aceptación, mediante el levantamiento del protesto en forma debida[27]. Únicamente no se precisa el levantamiento en forma del protesto para conservar contra el aceptante la acción cambiaría del crédito cambiario, sino que, tanto el aceptante como el librador, pueden ser demandados por enriquecimiento injusto[28], aun cuando, por negligencia, no hayan cumplido los actos prescritos para la conservación de los derechos cambiarios.

La demanda cambiaria está encaminada, como todas las demás demandas por préstamos, al pago del importe del crédito, que aquí coincide con la suma cambiaria, y puede iniciarse por cualquier tenedor legítimo de una letra protestada por falta de pago —por lo tanto, no solo por aquel a quien se le concedió primeramente el crédito cambiario— y desde luego contra cualquiera de los obligados cambiarios, sin observar ningún orden de preferencia y sin que por ello el demandante pierda su derecho a dirigirse contra los demás todavía no demandados. También puede demandar a todos ellos como deudores solidarios[29]. Estos efectos del levantamiento del protesto, que son designados como rigor material cambiario, juntamente con el rigor formal, con el que se comprende el procedimiento especialmente adecuado y breve que se sigue con la letra de cambio y la posibilidad de hacer circular la letra, han proporcionado a la letra de cambio la preferencia como medio de crédito, de tal modo que, especialmente en épocas de escasez de dinero, en las que el mismo dador del crédito está posiblemente obligado a acudir al mercado monetario, se concede preferencia al crédito cambiario sobre el crédito en cuenta

---

contenido total de las estipulaciones para el contrato se deduce que existe tal intención en las relaciones jurídicas personales de las partes».

25 Art. 1.°, *WO.*; véase pág. 28.

26 Arts. 8.° (librador), 14 (endosante), 23 (aceptante), 36 (tenedor legítimo), *WO.*

27 Arts. 41 (regreso por falta de pago) y 87 (protesto), *WO.*

28 Arts. 44 y 83, *WO.* La demanda por enriquecimiento injusto contra el aceptante que no pagó, no tiene objeto en la mayoría de los casos; contra el librador se niega igualmente, si este dio su firma solo por complacencia. Véase sobre los presupuestos de la acción de enriquecimiento, *RG.*, 93, 24.

29 Arts. 51, 49 y 81, *WO.*

corriente. Sobre esto es muy importante que el deudor cambiario solo puede utilizar en el procedimiento cambiario o en el ordinario, aquellas excepciones que se derivan del propio derecho cambiario, o las que le corresponden contra el demandante en cuestión. A las primeras pertenecen, por ejemplo, la excepción corriente de que el demandante no esté suficientemente legitimado como acreedor cambiario; a las últimas, la excepción de renovación convenida[30]. En relación con la demanda debe, además, indicarse que la responsabilidad de los deudores cambiarios puede continuar existiendo, aun cuando la letra haya sido falsificada posteriormente. Sin duda, los endosos tachados se reputan como no escritos, y los endosantes cuyo endoso ha sido tachado no están sometidos a responsabilidad cambiaria[31], pero esta subsiste en el caso de falsificaciones posteriores del contenido primitivo de la letra «si la falsificación modificativa no afecta al texto primitivo, sino que lo deja subsistir, de tal modo, que queda íntegro al lado de la modificación y después de la supresión de lo añadido, puede ser reconocido en su integridad, sea en el pensamiento o de un modo efectivo»[32].

La cesión de derechos del crédito cambiario se hace por el procedimiento sencillo y seguro del endoso y de la transmisión de la letra. El cedente-endosante transmite la letra endosada —basta el endoso en blanco— al cesionario endosatario, y recibe el importe de la letra, deducción hecha de los intereses hasta el vencimiento. El último deviene titular legítimo de la letra y de todos los derechos derivados de la misma[33]. Así se concede al dador del crédito una gran libertad de movimiento. Mediante el endoso de la letra puede hacerse pago de su crédito, con consentimiento, naturalmente, del tercero que recibe el endoso, y, por lo tanto, deshacerse del crédito cambiario por él concedido, mediante otro crédito cambiario obtenido por su parte, aunque, ante todo, él queda obligado hasta el pago frente a todos los endosantes posteriores. La letra puede y debe perder su función como medio de crédito si se da en pago por la liquidación de una deuda por mercancías. En este caso no se trata, como ya se ha indicado anteriormente, de la concesión de un préstamo, mediante el descuento de la letra[34], sino de la liquidación del precio de compra, mediante la entrega de una promesa de pago, utilizando el plazo concedido.

---

30 Art. 82, *WO*. Véase expresamente sobre esto Lehmann, pág. 681 y s. así como Staub-Stranz: *Komentar zur Wechsel Ordnung*, art. 82, nota 1 y s.

31 Art. 36, *WO*.

32 *RG.*, 108, págs. 78-83. Esta sentencia no desconoce que, con arreglo a la opinión dominante, la falsificación de la letra libera a aquellos que habían puesto su firma con anterioridad y les concede la excepción de falsedad. Sin embargo, entiende que en los casos en que no pueda atribuirse un resultado tan fuertemente perturbador, de modo que lo que ha existido ya no existe más, y en los que puede reconocerse el contenido originario, debe persistir la responsabilidad de los antiguos obligados cambiarios.

33 Arts. 9.° a 17, *WO*.

34 De ninguna manera es necesario que se trate del descuento de una letra financiera, sino que, especialmente el descuento y pago de letras sobre mercancías constituyen la base para el préstamo en forma de créditos cambiarios. El crédito de descuento del Banco del Reich solamente puede concederse sobre letras de mercancías. Pero como el Banco del Reich, por motivos monetarios, ha interpretado muy estrictamente ese concepto en comparación con las necesidades del crédito, no son comprendidas aquí letras sobre construcción o letras

El crédito cambiario derivado de la letra vence el día indicado en la misma para el del pago. Un requerimiento para el pago se necesita solo en tanto que la letra debe ser presentada a su vencimiento al aceptante, o si es domiciliada[35]. Si, presentada la letra el día del vencimiento, no fuera pagada, no se necesita un nuevo requerimiento de pago o la concesión de un plazo, sino que debe ser protestada lo más tarde, el segundo día hábil después del de vencimiento para la conservación de la acción de regreso o, en su caso, del derecho de demandar en juicio cambiario[36]. Si por el crédito cambiario se hubiesen constituido garantías reales, por ejemplo, mediante pignoración o transmisión en garantía, podrá el tomador de la garantía, si la letra no ha sido pagada a su presentación, vender en el mismo día el objeto de garantía y hacerse pagar con él su crédito[37].

Sin embargo, puede convenirse entre el acreditante y el acreditado que el crédito cambiario se prorrogará, llegado el vencimiento, mediante la emisión de una nueva letra que. de no acordarse otra cosa, se girará, según uso, a tres meses. Se habla en este caso de una renovación cambiaria. La nueva letra será igualmente descontada y su importe abonado en su cuenta al acreditado, en contra de lo que se le cargará la antigua letra, de tal modo que el importe de la diferencia que resulte, hecho el cómputo de intereses, será abonado al contado por el acreditado. Tal convenio de renovación solo puede ser adoptado, en mi opinión, por un pacto entre el librador y el aceptante, de acuerdo con los

---

que han sido emitidas sobre el precio de un inmueble, y se considera también inadmisible frente a la compra de cuentas privadas. Como consecuencia, un gran número de letras financieras, en cuya base no existe una operación comercial, son presentados como letras sobre mercancías, y en esta forma descontadas por el Banco del Reich. Pero, además, la letra financiera no es tan mala como se dice, sino que precisamente en las épocas en las que se hacen difíciles los cobros y son movilizables difícilmente, tiene la letra financiera, con dos buenas firmas al menos, una justificación como medio para proporcionar crédito, más aún cuando el crédito inmobiliario, por las disposiciones legales sobre la venta produce dificultades extraordinarias y el préstamo sobre títulos o mercancías está sometido a condiciones tan duras, particularmente en el Banco del Reich, que no puede tenerse en cuenta por un largo espacio de tiempo. No deben confundirse las letras financieras con las letras de complacencia, y el descuento de estas en un Banco alegando se trata de una letra sobre mercancías obliga a resarcir daños (vid. pág. 177 y *RGSt.*, 36, 367). Sobre la letra como medio de crédito, véase LEITER, *Bankbetrieb*, pág. 493 y ss.

35 Arts. 30 (vencimiento), 41 (regreso), 87-90 (protesto), *WO.*, §§ 602-605, *Z PO.*

36 Comp., sin embargo, nota 422.

37 Art. 33, *WO.;* comp. págs. 138 y 151. La ordenanza cambiaria no admite días de cortesía y no deben estimarse como tales el plazo de dos días para el protesto, porque el aceptante no tiene ningún derecho a la observancia de dicho plazo (art. 41, párr. 2. *WO.*). Para la conservación de los derechos bancarios contra el aceptante no se precisa ni la presentación ni el protesto de la letra (artículo 44, 41, *WO.*). Sería, en mi opinión, contrario a la buena fe, que el tomador de la garantía pudiera vender el objeto dado en garantía llegado el día del vencimiento sin haber presentado previamente la letra al aceptante. Por el contrario, no se precisa el levantamiento del protesto si el tomador de la garantía es también tenedor de la letra. Si el tomador de la garantía es solo librador o endosante de la letra, pero no tenedor, no estará autorizado para vender el objeto sin levantar el protesto, porque por su lado no queda obligado por regreso si no se hizo el protesto; tiene, pues, que esperar además, al levantamiento del protesto por si queda obligado por vía de regreso.

demás obligados cambiarios; de otro modo no se trataría propiamente de la renovación de una letra, sino de la emisión de una nueva letra independiente de la vencida, y que habría de ser pagada aparte de la antigua letra. Un acuerdo de renovación no puede hacerse valer frente al tenedor legítimo de la letra, si no lo hubiese consentido; de otro modo, podría privársele dolosamente de un derecho a exigir el pago mediante renovaciones repetidas. Si no lo hubiese consentido el titular de la letra y exigiese por su parte el pago, recibiéndolo como importe del descuento de una nueva letra, en la que no figura su firma, no se tratará de una renovación propia, pues, de un lado, el impago de la suma cambiaria intentado por la renovación no se ha conseguido y, por otro, la nueva letra difiere en cuanto a su contenido de la anterior, porque falta la firma del último titular de la letra que ha obtenido el pago[38]. En cada caso es decisivo para el crédito cambiario que el acreditante, ya sea como tenedor legítimo de la letra, ya solo como endosatario, no está obligado a transigir con una renovación, aunque haya sido convenida sin su consentimiento entre uno de los endosantes que le preceden o le siguen y el aceptante, sino que está autorizado para pedir el pago de la letra a su vencimiento o quedar libre de responsabilidad. Pero si consintiera la renovación, la emisión de la letra renovada no supondrá sino que se prorroga el antiguo crédito cambiario, no la concesión de uno nuevo[39]. La operación de crédito base de la letra primera no se extingue por la renovación, pues esta no produce la novación. La nueva letra no es dada en lugar del pago, sino como medio de pago, y las garantías concedidas para el antiguo crédito cambiario subsisten, por lo tanto, para el crédito de renovación[40].

Si el aceptante (o librador de un pagaré cambiario) quebrara, la obligación cambiaria resultaría vencida inmediatamente como obligación a plazo[41], y deberá ser inscrita por el tenedor legítimo de la letra en la quiebra. Mientras no se haya realizado esto, no pueden inscribirse en la quiebra el librador o los endosatarios, aunque su derecho sometido a condición suspensiva puede

38 No sería contraria a la prolongación la circunstancia de que hubiera sido pagado por el aceptante una parte del crédito cambiario, y la letra quedará prolongada solo por una parte de su importe. Es siempre decisivo el hecho de si solo se trata de una devolución de la letra antigua o de una nueva concesión de crédito mediante el descuento de una nueva letra.

39 Se equipara la entrega de un nuevo préstamo a la prórroga del antiguo crédito cambiario en el sentido de que el acreditante que ha prometido la prolongación puede revocar, en caso de duda, su promesa, si se ha producido un empeoramiento esencial en la situación patrimonial del acreditado (Cfr. *BGB*, § 610. V. comentario del traductor, pág. 49, e igualmente Staub-Stranz, art. 82, nota 31 b). La cuestión de si es posible también la revocación cuando el empeoramiento se produce en la situación patrimonial de otro obligado cambiario habrá de resolverse de un modo casuístico y afirmarse cuando su firma sea un requisito esencial para conceder la prórroga.

40 Así también, la doctrina dominante, p. ej., Staub-Stranz, artículo 82, nota 31 b), Klausing, *Die Zahlung durch Wechsel und Schek,* pág. 279 y s., *RG.,* 107, 34, da a la prolongación un efecto novatorio solo si a la emisión de la nueva letra estaba unida la devolución de la antigua; así, Klausing, loc. cit., pág. 280.

41 § 65, *KO.*

revivir por el pago y la obtención en regreso de la letra[42]. En el momento de la apertura de la quiebra se les reputa como pagados, puesto que han recibido el importe de la letra, mediante su descuento. Además de la inscripción en la quiebra tiene derecho el tenedor a pedir prestación de garantía por el importe de la letra, y en el caso de que no lo reciba de sus predecesores, podrá levantar protesto[43]. Todos los pagos hechos por la masa de la quiebra al deudor y el convenio realizado por este obligarán a los demás endosantes. Si el tomador recibiera de la masa de la quiebra, como satisfacción de su derecho, solo el 60 por 100 y exigiera de sus predecesores el 40 por 100 restante, no podrán estos inscribir en la quiebra el 40 por 100 restante; solo tendrán un derecho de regreso contra sus predecesores y el librador[44]. El derecho sobre un crédito cambiario no es, pues, tratado en la quiebra de una manera distinta a cualquier otro derecho derivado de un préstamo.

Si el librador de una letra aceptada o uno de los endosatarios quebrara, durante el tiempo de giro de la letra, no se producirá por ello el vencimiento de esta. Tampoco se concede una acción de regreso contra los demás obligados cambiarios para obtener el afianzamiento, sino que tal derecho solo existe en caso de quiebra del aceptante o si este ha suspendido pagos o se ha realizado una ejecución infructuosa sobre su patrimonio[45].

Aunque el crédito cambiario ha llegado a tener en la vida bancaria una importancia extraordinaria, apenas si las condiciones generales de contratación de los Bancos contienen alguna disposición sobre las relaciones cambiarias con su clientela, prueba de que bastan las disposiciones legales, especialmente sobre el rigor cambiario formal y material, y no han necesitado ser complementadas. Las condiciones de casi todos los Bancos sobre el tráfico bancario que conciernen al crédito cambiario se limitan a determinar que por la suspensión de las relaciones de negocios tiene derecho el Banco a cargar en la cuenta del cliente las letras en circulación entre las que, naturalmente, deben comprenderse las descontadas, es decir, que el Banco está autorizado a provocar el vencimiento anticipado de las letras, cargando en regreso el importe de aquéllas en la cuenta del tomador del crédito, de tal manera, que puede reclamar el saldo que resulte en su favor. Como los Bancos se reservan la posibilidad de suspender las relaciones de negocios cuando quieran, tienen así en la mano el medio de hacer vencer en cada momento el crédito cambiario. La finalidad de estos preceptos es, naturalmente, poner al Banco en condiciones, en caso de empeoramiento de la situación económica del cliente, de no tener que esperar al vencimiento de la letra y, entretanto, ver cómo los demás acreedores embargan al acreditado, sino que pueda reintegrarse inmediatamente del crédito cambiario y hacer valer su derecho de crédito como derecho de cuenta corriente entre los demás deudores. De este modo procuran los Bancos ponerse a salvo de un peligro de su crédito cambiario, tanto por aquellas circunstancias inherentes a la persona del obligado cambiario como por aquellos

---

42 § 67, KO.; *RG.*, 34, 52.

43 Art. 29, *WO.*

44 Tampoco corresponde al fiador tal derecho si es demandado por el acreedor por aquella suma en que ha resultado alcanzado en la quiebra.

45 Art. 29, *WO.*

otros acontecimientos que deben buscarse fuera del círculo de los obligados cambiarios, como, por ejemplo, crisis políticas y económicas generales[46].

3. El crédito de reembolso

Tanto la esencia del crédito de reembolsos[47] —que siempre es crédito bancario— como las relaciones jurídicas de todos los participantes en un negocio jurídico de esta clase se deducen fácilmente de una situación de hecho claramente comprendida. El hecho es el siguiente: el exportador o el vendedor de una mercancía —se trata siempre de comercio transoceánico— desea recibir a la mayor brevedad posible el pago por sus mercancías y entregar estas después del pago. El importador o comprador tiene interés en entrar en la posesión de las mercancías lo antes posible y aplazar su pago también lo más posible, porque piensa proporcionarse todo o parte del dinero para el pago de aquéllas mediante su venta. En consecuencia, ambas partes convienen en que los conocimientos redactados sobre las mercancías, y que, como título de tradición, representan en cierto modo a aquéllas[48], sean entregados a un Banco determinado por ellos, a cambio de una letra por cuenta del importador. A los conocimientos, a los que van unidos las pólizas de seguro, permisos consulares, notificaciones de origen, certificaciones de peso, etc., va unida, por consiguiente, una letra[49], de las llamadas letras documentadas, cuya aceptación por el Banco constituye una prestación contractual fundamental, algo esencial

46 Una posición especial ha adoptado el RG. ante la rescisión del crédito y la existencia de una situación de *revolving credit.* En opinión del *RG.*, está obligado aquí el otorgante del crédito a aceptar la letra girada antes de la rescisión del crédito y a pagarla (v. sobre esto *RG.*, 16, 2, 1907, en *B. A.*, VI, 217, y *OLG.*, Hamburg, 10, 4 1906; *ibidem*, VI, 14). A mi modo de ver esta opinión del *RG.* no es justa; pese a ella los Bancos se han visto obligados a hacer aceptar una condición en relación con ello en sus contratos de préstamo (v. *Bankgeschäftl. Formularbuch*, pág. 57), puesto que el derecho de no aceptar ni pagar tales letras no se deduce claramente de las cláusulas generales de contratación, según las que los Bancos tienen derecho a rescindir en todo momento la relación de crédito y devolver las letras descontadas.

47 Reembolso, de reembolsar = devolver en pago. Véase sobre el crédito de reembolso mis estudios en *Warenkredit*, pág. 105, y sobre la doctrina, *ibidem*, nota 1.

48 §§ 647, 642 y ss., *HGB*. Sobre cada envío se redactarán varios conocimientos del mismo tenor, y en cada uno de ellos se anotará el número de los confeccionados. Puesto que el naviero está obligado en el puerto de destino a entregar las mercancías al tenedor aun de un solo ejemplar (§§ 645, 650, *HGB.*), se deberán entregar todos los conocimientos al Banco otorgante del crédito de reembolso (v. *Warenkredit*, pág. 108, nota 3). Los conocimientos son a la orden, y son endosables (§§ 644, 363, párr. 2, *HGB.*). Los conocimientos de recepción no son adecuados para el crédito de reembolso (§ 642, párrafo 5, *HGB.; RG.*, 2, 5, 1923, en *B. A.*, XXIII, 93).

49 La letra se refiere al precio de la compra, y el crédito de reembolso es concedido por la suma indicada en la letra; en el crédito de reembolso, el acuerdo se hace siempre sobre documentos *against aceptance*, nunca sobre documentos *against payement* (comp. pág. 198, nota 405. Los documentos agregados a los conocimientos y a la letra sirven tanto para garantía del comprador como para la del Banco otorgante del crédito de reembolso, porque el porteador no responde de la exactitud de *la* denominación de las mercancías si se le hubiesen entregado enfardadas (§§ 652 y 653, *HGB.*).

al contrato de compra. La remisión de los documentos de reembolso al Banco no se hace habitualmente por el exportador mismo, sino por su Banco, que la mayor parte de las veces ha hecho anticipos sobre las mercancías o descuenta la letra (segunda), en tanto que la primera ha sido enviada para su aceptación.

Por crédito de reembolso se comprende, pues, la petición y concesión de un crédito bancario por aceptación, para el pago de una deuda transoceánica de mercancías, habiendo sido garantizado el crédito por las mismas mercancías mediante títulos de tradición[50]. Nunca debe comprenderse, por el contrario, como crédito de reembolso un crédito en metálico, y tampoco, por consiguiente, en sentido restringido, la operación de anticipo celebrada entre el exportador y su Banco en consideración a las mercancías embarcadas, o el descuento por ese Banco de la letra aceptada, aunque tales operaciones de crédito se efectúan comúnmente en la práctica en relación con créditos de reembolso, y en la teoría se les trate simultáneamente.

En el crédito de reembolso se distingue de parecido modo que el crédito acreditivo[51] entre reembolso con ratificación y sin ella; en este último se obliga al Banco que concede el crédito de reembolso frente al vendedor de la mercancía a aceptar la letra que se le remita en el momento de la conclusión del contrato de compraventa, y le ratifica el reembolso, de tal modo que el vendedor ya en el momento de la conclusión del contrato tiene la garantía de que se le pagará y de que la operación marcha en la forma debida.

De aquí se deducen las siguientes relaciones jurídicas, que estudiaremos detenidamente, a fin de comprender claramente la relación crediticia.

Entre exportador e importador se ha efectuado un contrato de compraventa, en virtud del cual el vendedor (exportador) se obliga a entregar las mercancías vendidas, y de tal modo, que, dentro del plazo convenido, ha de hacer llegar al Banco de reembolsos los documentos confeccionados sobre el envío de las mercancías con el contenido prescrito. Cumple con la entrega de los documentos en forma debida en el sitio de la ejecución[52] y tiene una acción para la aceptación de la letra contra entrega de los documentos. La aceptación de la letra por el Banco convenido[53] constituye para el vendedor una cláusula esencial del contrato de compraventa efectuado con esta condición. Si la aceptación no se prestase en tiempo o en la forma convenida, perderá el comprador su derecho a la contraprestación, es decir, a las mercancías, y el vendedor está autorizado, sin más, a negarse al pago y disponer de las mercancías de cualquier otro modo[54]. Sin embargo, también puede poner en mora al com-

---

50 La transmisión de documentos endosados debidamente (endoso pleno o en blanco) tiene efectos reales sobre las mercancías representadas (§ 647, *BGB.*).

51 Comp. *Karenkredit,* pág. 86 y ss. *Bankgeschäftl. Formularbuch,* págs. 67 y ss, y la doctrina allí indicada.

52 Sobre el lugar del cumplimiento, *RG.,* 73, 391; el lugar del cumplimiento debe deducirse del contrato de compra, y es independiente del punto de destino de las mercancías y del domicilio del comprador.

53 El Banco de reembolso no necesita ser ni el Banco habitual del vendedor ni el del comprador; lo normal era antes dirigirse al Londinense de reembolso.

54 Se considerará como imposible la prestación total ante la violación del pacto de aceptación, que es esencial al contrato de compra (§§ 323, 325, *HGB.; RG.,* 91, 46). Acerca de la cuestión

prador concediéndole un plazo adecuado para la realización de su prestación y, transcurrido este inútilmente, reclamar indemnización y rescindir el contrato[55]. Si presentare demanda, solo podrá exigir en esta el cumplimiento del contrato contra entrega de los documentos, y en caso de incumplimiento, la indemnización, en tanto que el vendedor no rescinda[56]. El vendedor no está autorizado, por el contrario, a pedir el pago en sustitución de la aceptación, en el caso de que se hubiese convenido la aceptación; pero si se hace imposible la entrega del documento aceptado, podrá el vendedor exigir otra forma de pago[57]. La aceptación se da en lugar de pago, como cuasi pago; por esto, la obligación causal del contrato de compraventa no se extingue por la entrega del documento aceptado, no se verifica una novación; por consiguiente, si llegado el vencimiento no se pagare el documento aceptado, no tiene el vendedor derecho alguno sobre las mercancías, pues han salido de su posesión con la entrega al Banco de reembolso del documento girado; pero al lado de su derecho por la aceptación tiene también el del contrato de compraventa contra el comprador.

El importador (comprador), por el contrato de compraventa, tiene una acción para que se le entreguen las mercancías, mediante la presentación de los documentos convenidos, debidamente librados en el Banco de reembolso, en el plazo pactado. La no entrega o la no presentación en tiempo debido de los documentos le concede, del mismo modo que al vendedor, derecho a rescindir, según los §§ 360, 323 y 325 del *BGB.*, o a pedir indemnización y a exigir el cumplimiento del contrato en virtud de los §§ 325 y 326 del mismo Código citado. El mismo está obligado a constituir el reembolso convenido. Si no pudiera, aun sin culpa, no se extingue por ello su obligación de pagar, en tanto que el vendedor prefiera el mantenimiento del contrato, y pida el pago por otro procedimiento[58]. Si no pudiera entregar el documento aceptado con-

de cuándo puede estimarse la prestación parcial como prestación principal, comp., Planck, § 303, nota 2 b); sobre la negativa a hacer la contraprestación como contraria a la buena fe, § 320, 2, *BGB.*

55 Mora por requerimiento, presentación de la demanda o mandato de pago (v. § 284, *BGB.*). Puesto que el reembolso debe hacerse dentro de un plazo exactamente fijado, del mismo modo que el creditivo, no es necesaria una puesta en mora o plazos supletorios. Puede deducirse del contrato, aun cuando no se trate de una de las operaciones a plazo fijo, en el sentido del § 361, *BGB.*; § 376, *HGB.*, que la realización en mora de una prestación debida por el vendedor autorice al comprador la resolución inmediata (360, *BGB.*); y esto se acepta por el Tribunal del Reich cuando no ha efectuado a su debido tiempo el reembolso o el acreditivo (*RG.*, 92, 389).

56 § 322, 326, *BGB.*

57 Esto se deduce claramente de *RG.*, 92, 225. Es discutible si el vendedor tiene derecho a pedir el pago en metálico después de recibir el acepto si el comprador tiene obligación de pagarlo así. Sobre esta cuestión, véase *Warenkredit*, pág. 110, nota 4.

58 Así lo resuelve el Tribunal del Reich en *RG.*, 92, 225. Sería conveniente, no obstante, no generalizar una sentencia dada para caso de guerra. El Tribunal del Reich fundamentó su decisión en que el pacto del Londinense de reembolso había sido tomado en beneficio exclusivo del vendedor y que, por ello, el comprador no recibía ninguna ventaja, pudiendo hacer el pago igualmente en cualquier otro lugar y por otro Banco. Esta fundamentación es inaplicable a todas las operaciones de reembolso, pues son fácilmente concebibles numerosos casos en los que el comprador tiene también el mayor interés en

venido, se le consentirá liberarse de su deuda por pago en metálico, sin concederle por ello un derecho de opción[59]. Como antes se indicó, la entrega del documento aceptado se hace como medio de pago y no como cumplimiento; así, pues, con la entrega del documento aceptado no desaparece la obligación del comprador de pagar lo comprado, sino que sigue obligado personalmente por el negocio causal hasta que, llegado el vencimiento, se satisfaga el documento aceptado[60]. No existe una operación de crédito entre el exportador y el importador. Ambas partes entregan documentos contra la aceptación, pero esta no implica una apertura de crédito por parte del exportador, sino solo un plazo para el pago del precio.

Antes de detenemos en las relaciones más importantes para la operación de crédito entre el importador y el Banco de reembolso y entre el exportador y el Banco encargado de obtener la aceptación, debe precisarse brevemente que ambos Bancos no entran entre sí en ningún género de relaciones contractuales por las operaciones sobre mercancías y el crédito. El Banco del exportador no tiene, ni por anticipos ni por el giro del documento, una acción contra el Banco de reembolso para la aceptación de la letra, ni el último tiene acción alguna contra aquél, por ejemplo, porque los documentos sean falsos o hayan sido falsificados, o porque las mercancías entregadas no correspondan a las condiciones pactadas. Por lo tanto, tampoco existe una operación de crédito entre ambos Bancos. En la práctica se interpone frecuentemente un tercer Banco, particularmente en la relación bancaria nacional del importador, si el reembolso debe colocarse en un Banco del extranjero, por ejemplo, en Londres, mientras que el importador tiene su domicilio en Alemania. Entonces podría ocurrir que el Banco londinense colocase el reembolso en virtud de un mandato de crédito hecho por el Banco alemán[61], o que el Banco alemán afiance directamente el crédito de reembolso concedido al importador[62].

Entre el importador y el Banco de reembolso se establece un contrato, según el cual el Banco se obliga a dar su aceptación y a admitir el documento. Hay aquí un contrato de apertura de crédito[63], siendo concedido en la forma de aceptación bancaria y en la cuantía del importe de la factura[64]; por consi-

---

el reembolso convenido, por ejemplo, porque, en virtud de relaciones de negocios ya antiguos, el Banco en cuestión le pondría a su disposición el crédito de reembolso en una cuantía y condiciones que no recibiría de ningún otro Banco, y porque no tendría que preocuparse de buscar otras fuentes de cobertura para el precio de compra convenido si, a consecuencia de sucesos políticos o económicos absolutamente independientes de las relaciones de negocios entre el Banco y el comprador, no pudiera o no quisiera hacer el pago el Banco de reembolso.

59 No una opción de obligación en el sentido del § 262, *BGB.*, sino una facultad alternativa, por analogía a la del § 241, *BGB.*

60 § 364, *BGB.*

61 Comp. pág. 231.

62 Sobre las obligaciones por créditos de reembolso de antes de la guerra, Comp. *Kartenauskunftei,* sección de Bancos, 11-4-1922. «Tratado de paz».

63 Comp. págs. 41 y 217, nota 453.

64 Por lo tanto, siempre por el importe total de la prestación de mercancías, puesto que sobre esta se ha emitido la letra, y no es posible aquí la aceptación de la letra por una parte de su importe.

guiente, no como préstamo al contado, aunque quede cargado en la cuenta del importador el importe de la aceptación y este quede obligado a proporcionar dicha suma al Banco de reembolso uno o dos días antes del vencimiento. Como garantía por el crédito recibe el Banco las mercancías representadas por los títulos de tradición, e indudablemente no se trata aquí de una pignoración de mercancías, en tanto que ello no sea convenido expresamente, sino de una transmisión en garantía. Los conocimientos son generalmente girados al Banco sin indicación alguna, y en un endoso semejante debe verse siempre una cesión, a falta de otros acuerdos[65]. Simultáneamente con la realización del contrato y formalmente en este mismo, recibe el Banco el mandato de aceptar unos documentos con determinado contenido y dar su aceptación solo si los documentos responden a las condiciones convenidas. El Banco está, por consiguiente, obligado a ejecutar fielmente las instrucciones del importador, y perdería sus derechos en cuanto al contrato de crédito, habiendo de resarcir daños, si se apartase conscientemente de tales disposiciones[66]. De todo esto se deduce que el Banco no queda incluido en el contrato de compra celebrado entre el exportador y el importador. Da su aceptación, no como deudor de la prestación de mercancías, sino en virtud del crédito existente entre él y el importador y del mandato recibido, adquiere del exportador los documentos y mercancías, no en atención a la operación comercial realizada, sino como garantía del crédito de aceptación concedido al importador, y está obligado a devolverle la propiedad una vez acabada la operación. De aquí se deduce que el Banco no responderá de las falsificaciones en los documentos ni por la entrega de las mercancías hecha en forma indebida[67], está libre de toda responsabilidad derivada del negocio principal. El crédito de reembolso sirve para el pago de una prestación de mercancías, y el Banco de reembolso no tiene en ella participación alguna, aun cuando confirme al exportador el reembolso, después de la conclusión de la operación comercial. En este caso, el Banco responde junto con el comprador, frente al vendedor, de un modo directo, pero no por la compra, sino por la confirmación y la acción del exportador contra el Banco que confirmó está en principio encaminada a la obtención de la aceptación, y, una vez llegado el vencimiento, a que se haga el pago[68].

---

65 Comp. mis estudios en B. *A.*, XX, 249, y Staub. Comentario al § 373, nota 65 y § 349, nota 63, así como *RG.*, 107, 334. Staub manifiesta que se trata de la compra de una letra, pero no puede apoyarse su opinión; las partes no se proponen en modo alguno efectuar un contrato de compra; un precio de compra no se ha concedido ni puede verse en la comisión de aceptación, sino que ambas partes se proponen verificar una operación de crédito, pero no mediante la concesión de un préstamo, sino por la aceptación de una letra.

66 Solamente puede apartarse si lo pide el interés del mandante; pero, por otro lado, no tiene derecho a rehusar los documentos en todo caso de desviación. (*RG.*, 5, 6, 1919, en *Leipz Ztschr.*, 1920, pág. 230. *RG.*, 96, 250. *RG.*, 17, 6, 1922, en *B. A.*, XXII, 262. *RG.*, 16, 2, 1923; ibidem, XXII, 239).

67 Aplicación analógica del *RG.*, de 10, 1, 1910, en *B. A.*, IX, 297. La responsabilidad del Banco de reembolso se limita fundamentalmente al examen de si están en forma los documentos; sin embargo, debe tener en cuenta las posibles faltas. (*RG.*, 2, 5, 1923, en *B. A.*, XXIII, 93.)

68 El vendedor no tiene derecho a pedir pago en metálico basta el vencimiento. Comp. Klausing, pág. 110. *Warenkrerit,* pág. 107, nota 2; página 110, notas 3 y 4.

En el transcurso de una tal operación comercial efectuada entre el exportador y el importador, casi siempre se encuentra una operación de crédito entre aquél y su Banco, al que ha encargado que le busque la aceptación. No se trata de un crédito de reembolso, es decir, de un crédito de aceptación mediante documentos representativos de mercancías, sino de la concesión de un préstamo al contado con garantía de documentos representativos, bien haciendo el Banco un anticipo en determinada cuantía sobre los documentos o las mercancías, o bien descontando la letra, cuya primera copia se ha remitido, para su aceptación, al Banco de reembolso. Esta operación de crédito no se exterioriza de modo alguno, en contraposición al crédito de reembolso. El crédito será cubierto o por el Banco de reembolso, mediante el pago de la letra, cuya aceptación se ha procurado el Banco del exportador, o, si no se hace el pago, por el exportador, contra quien puede dirigirse el Banco por la acción de préstamo. Para garantía del crédito se transmitirán al Banco los documentos con endoso pleno o en blanco, con lo que recibe la propiedad en garantía de las cosas representadas por ellos[69]. Pero tampoco aquí interviene el Banco en el contrato de compra efectuado entre el exportador y el importador, pues no se constituye ni en comprador ni en vendedor de las mercancías por el endoso de los documentos hecho en su favor, ni por el nuevo endoso de estos títulos hecho al Banco de reembolso; no responde, por lo tanto, por el negocio principal y tampoco, como el Banco de reembolso, por documentos falsificados o falsos.

A los créditos, tanto del Banco de reembolso como del exportador, se aplican los preceptos legales sobre el préstamo[70]. Especialmente pueden ambos, si han concedido el crédito, revocar esa concesión, en tanto se haya empeorado notablemente la situación patrimonial del tomador del crédito. Los dos Bancos pueden procurarse el pago del crédito sobre las mercancías transmitidas en garantía, si el tomador del crédito incumple sus obligaciones para con ellos[71]. El Banco de reembolso tiene, además, el derecho de depositar las mercancías a su nombre en el caso de que no se le haya hecho oportunamente la provisión para la aceptación; así, interviene la fe de depósito en vez del conocimiento. Pero estos derechos les corresponden siempre a los Bancos solo por el contrato de crédito, pero nunca por el de compra, realizado entre exportador e importador.

Condiciones generales fijas, impresas y especialmente adecuadas al crédito de reembolso, no son usadas por los Bancos; se limitan las condiciones generales de los Bancos a determinar que los documentos se ajustan a los requisitos formales exigidos por la ley y que el Banco no asume por la aceptación de

---

69 Comp. pág. 216, nota 450.

70 § 667, *BGB.*, dice: «quien hubiera recibido dinero u otras cosas fungibles». Entre las cosas fungibles no puede contarse la aceptación bancaria, pero sí el dinero. Económicamente tiene, sin embargo, la aceptación en absoluto la significación del dinero, lo que, además, se deduce de toda la ejecución técnica de la transacción, en la que el importador por la suma de la aceptación está obligado a hacer provisión el día del vencimiento, en atención a la aceptación de la letra Que la aceptación sustituye al dinero se deduce también de que el exportador no pide pago contra documento, sino aceptación contra documentos, porque aquélla puede trocarse en dinero en todo momento.

71 Comp. pág. 150, nota 293.

los documentos ninguna clase de responsabilidad por la legitimidad, integridad y validez de ellos ni por la calidad regular y prescrita de las mercancías[72]. Si se precisan, por consiguiente, convenciones especiales en un crédito de reembolso se fijarán por escrito para cada caso concreto.

4. EL CRÉDITO SOBRE TÍTULOS REPRESENTATIVOS DE MERCANCÍAS

(CRÉDITO DOCUMENTARIO)

Por crédito sobre títulos representativos de mercancías se entiende el anticipo en metálico hecho sobre mercancías o, en su caso, títulos representativos. El crédito de reembolso de que nos acabamos de ocupar es también un crédito sobre títulos representativos. Se distingue, sin embargo, del que vamos a tratar ahora en que el importe del crédito no se concede en aquél en metálico, sino mediante la aceptación. El círculo de los títulos representativos adecuados para que se anticipe sobre ellos es muy restringido y solamente lo son aquellos que por su transmisión producen los mismos efectos en cuanto a la adquisición de derechos que la transmisión de las mercancías mismas; esto es, los que transmiten derechos reales sobre las mercancías. A esta clase de documentos pertenecen tan solo el conocimiento, el talón de cargo y el resguardo de depósito, en tanto que sean a la orden y estén emitidos por aquellos establecimientos autorizados por el Estado para la redacción de estos documentos.

No obstante, en determinadas circunstancias puede servir la carta de porte para el depósito de mercancías, aunque la carta de porte es solo un título de legitimación en el sentido de la ordenanza de ferrocarriles y no transmite ninguna clase de derechos reales[73].

Esta clase de créditos sobre títulos representativos se conceden tanto al exportador (vendedor) como al importador (comprador), ya sea que el primero necesite crédito sobre las mercancías cargadas hasta su pago por el comprador, ya sea que el segundo necesite crédito para el pago de las mismas. Se trata de un anticipo bancario, es decir, un préstamo en metálico garantizado con mercancías, al que tienen aplicación las disposiciones del Código civil sobre el préstamo, a pesar de la palabra «anticipo», pudiendo el acreditante reclamar la devolución con la acción del préstamo, y no solo por enriquecimiento injusto[74]. Estos créditos sobre títulos representativos no se diferencian de los

---

72 *Bankgeschäftl. Formularbuch*, pág. 8, núm. 10, y pág. 69.

73 §§ 61 y s., 73, párr. 5. *Ordenanza de F. C.* de 23, 12, 1908, § 455, *HGB.*, no un título de legitimación en el sentido del § 808 del *BGB*.

74 La palabra anticipo generalmente tiene en el tráfico bancario la significación de préstamo (así también LEHMANN, *Handelsrecht*, página 757, nota 3). Aquel que concede el anticipo no está en modo alguno remitido por su derecho al importe de las mercancias, no soporta el riesgo de su pérdida y no tiene que limitarse contra el deudor a la acción de enriquecimiento injusto. Una concepción contraria solo debe referirse a un deplorable desconocimiento de la práctica bancaria, de otro modo las partidas de gran importancia de los balances de los grandes Bancos designados como «Anticipos sobre mercancías y títulos representativos», serían partidas completamente iliquidables.

Excepciones a esto las constituyen los casos mencionados en las páginas 56 y 230.

demás créditos en cuanto a su naturaleza jurídica. Solo en cuanto a la garantía reclaman un interés especial, pues con ocasión de la apertura del crédito y de la transmisión de los documentos, no se adoptan, por regla general, entre el dador y el tenedor del crédito, acuerdos detallados sobré la especie de la garantía[75].

En la práctica y en la mayoría de los casos, la operación se realiza de tal modo que el dador del crédito concede al acreditado un préstamo que está en cierta proporción con el valor, conservabilidad y realizabilidad de las mercancías de que se trate y, por el contrario, él recibe, bien por endoso pleno, bien en blanco[76], los títulos sobre las mercancías en circulación o depositadas; con la transmisión del conocimiento o del talón de carga generalmente se da al acreditado encargo de presentarlos a un tercero y entregarlos a cambio de su pago o cambiarlos por el resguardo de depósito, es decir, hacer descargar y depositar las mercancías. Puede preguntarse ahora si el acreditante adquiere con el endoso de los títulos un derecho de prenda o un dominio fiduciario. Ambos surgen por el acuerdo y la entrega de los títulos endosados, y tanto el derecho de prenda como el de propiedad sobre las mercancías se transmiten al acreditante mediante la entrega de los títulos endosados. Pero no surgirá de ningún modo un derecho de propiedad si al hacer la entrega se conviene oralmente o por escrito que el acreditante tendrá un derecho de prenda, o si en el endoso se incluye la cláusula «en prenda», o cualquiera otra observación análoga. Pero fuera de estos casos, el endoso hecho sin indicaciones constituirá al dador del crédito en la propiedad fiduciaria, lo que, además, coincide con la voluntad de los contratantes, puesto que, especialmente en el comercio transoceánico, este procedimiento es mejor, no solo para el acreditante, sino incluso para el acreditado. El derecho de prenda está siempre sometido a las fórmulas solemnes de enajenación de la misma y, por tanto, es incompatible con toda actuación rápida, mientras que el derecho de propiedad ofrece mayor libertad pudiendo venderse la mercancía a un interesado solvente, y, sobre todo, no está sometido a los inconvenientes de la ejecución forzosa[77].

Estas razones, sobre las que en estos últimos años se ha insistido tanto, especialmente por los prácticos bancarios, no han sido desoídas por la doctrina y la jurisprudencia[78], y ahora se reconoce de un modo general que en el endoso del título de crédito al acreditante no debe verse una pignoración de mercancías, sino una cesión en garantía[79], y ello con todas las consecuencias inherentes al derecho de propiedad[80].

---

75 Sobre esto, Comp. mis estudios en *B. A.*, XX, 249, y en *Warenkredit*, págs. 76, 102 y s. y 113 y s.

76 Aquí se comprenden los conocimientos, talones de carga o cédulas de depósito; acerca de créditos contra duplicados de cartas de porte se trata después especialmente.

77 Comp. pág. 151, nota 296. *Warenkredit*, pág. 67, y STAUB. Comentario al § 377, nota 67, *h*.

78 La opinión contraria la representó antes HEYMANN: *Die dingliche Wirkung der Traditionspapiere*. Breslau, 1905.

79 Así también *RG.*, 107, 334.

80 Comp. pág. 151, nota 296.

Todo eso, naturalmente, tiene aplicación a los títulos representativos endosables emitidos a la orden[81], pero no a los duplicados de cartas de porte, que en el tráfico comercial juegan un papel tan importante, pues no pertenecen a los títulos de tradición del Código de Comercio[82]. La significación de la carta de porte es positiva y negativa. La significación positiva consiste en que los duplicados de cartas de porte debidamente confeccionados en las estaciones de ferrocarril atestiguan que en el día designado en la carta de porte las mercancías han sido aceptadas para su transporte. La importancia negativa consiste en que el remitente, una vez entregadas las mercancías al ferrocarril, no puede disponer de ellas sin el duplicado sino en la forma originaria[83]. Por lo demás, el duplicado de la carta de porte no tiene ni la importancia de la original ni la de un conocimiento o un talón de carga, es decir, que, por un lado, la entrega de las mercancías al destinatario puede hacerse sin la presentación del duplicado de la carta de porte y, por otro lado, este duplicado no está librado a la orden y no puede ser endosado, y la transmisión de la carta de porte no es equiparable a la de las mercancías. Estos caracteres jurídicos deben tenerse en cuenta en los créditos sobre duplicados de carta de porte de mercancías en circulación y debe determinarse hasta qué punto existe aquí una garantía[84].

Las disposiciones jurídicas generales sobre el crédito se aplican también a esta operación de crédito Se trata de un crédito en metálico en contraposición con el crédito de aceptación y que está sometido a las disposiciones legales sobre el préstamo. La garantía podría constituirse por pignoración o por transmisión fiduciaria de la propiedad. Acuerdos más detallados que deban aplicarse a esta institución no se adoptan por regla general. El derecho de prenda nace por el acuerdo y la transmisión del objeto, pero no de la carta de porte. El acuerdo acerca de la constitución de la prenda falta generalmente en la práctica. Tampoco se efectúa la entrega de las mercancías al acreditante, puesto que estas han sido entregadas al ferrocarril; sin embargo, podría sustituirse la transmisión por la cesión de la acción reivindicatoria y de la notificación al poseedor inmediato: las autoridades ferroviarias. Pero tampoco ocurre esto en la práctica, primero, porque sería discutible si la notificación debe dirigirse a la oficina del ferrocarril del lugar de la entrega o a la de destino y, en segundo lugar, porque también lo es si las autoridades ferroviarias están obligadas a darse por enteradas después de la redacción y entrega del duplicado al remitente de esta pignoración, en cuanto puede ser concebida como una disposición en el sentido del § 433 del *HGB.* Nada habla en favor de la constitución de un derecho de prenda. Pero puesto que al convenir la operación de crédito está, sin duda alguna, en la voluntad de las partes el garantizar el crédito, y esta voluntad se exterioriza en la transmisión del duplicado al dador del crédito, aquella voluntad solo puede estar encaminada a la constitución de un derecho de propiedad fiduciaria, como es regla general en la transmi-

81 Con respecto a los títulos no endosables, Comp. *Bankgeschäftl. Formlularbuch,* pág. 99 y ss.

82 § 363, 2, *HBG.*

83 *Eisenbahnverkehrsordnung,* § 54, 5, y 6, a 64; Convenio Internacional sobre transportes por ferrocarril, art. 8, párr. 5. Publicaciones de la Eis *VO.* de 23, 12, 1908, §§ 61 y s.; 73, párr. 5; § 455 y ss., *HGB.*

84 *Warenkredit,* pág. 76 y s., 80 y s. *Bankgeschäftl. Formularbuch,* página 101.

sión de títulos de disposición girados en blanco. Esta propiedad fiduciaria no concede en modo alguno una protección suficiente al acreditante si solo le ha sido transmitido el duplicado de la carta de porte, porque en este caso el destinatario, a la llegada de las mercancías al punto de destino, puede disponer de ellas sin la ayuda del acreditante y aun contra su voluntad, así como negarse a recibirlas, en cuyo caso serán devueltas al remitente. El acreditante debe salvaguardarse de otra manera y, si fuera posible, de tal modo que su derecho de propiedad surja indiscutible del mismo duplicado. Ambas cosas son posibles; así, el acreditante o la institución encargada por él, por ejemplo, un Banco conocido o un expedidor en el punto de destino, serán designados en el duplicado de la carta de porte como destinatario y, si es posible, con la cláusula «depositado en la estación», y para mayor precaución, el acreditante será indicado como remitente. De semejante redacción de la carta de porte se deduce, sin duda alguna, la voluntad de transmitir al acreditante el poder de disposición ilimitado —propiedad fiduciaria en este caso—, como también la posibilidad para el mismo de disponer de la cosa como propietario. Podrá disponer de las mercancías durante su transporte, podrá entregarlas al comprador en el punto de destino mediante pago, con lo que se resarce de su crédito, y también tiene el derecho de depositarlas o venderlas libremente si el comprador y el vendedor no cumplieran sus obligaciones y él fuese compelido a procurarse satisfacción sobre las mercancías[85].

Muy frecuentemente está unida la constitución de un acreditivo con estos créditos sobre títulos representativos[86]. Tal acreditivo no influencia la naturaleza jurídica del crédito sobre títulos ni la clase de la garantía; solamente es de importancia para la devolución del crédito sobre títulos concedido por el Banco, pues a este debe hacérsele provisión por el acreditivo emitido por el comprador. Si el Banco encargado de la constitución del acreditivo ha puesto a disposición del mandante (comprador) para financiar la transacción de mercancías un crédito, este devendrá crédito sobre títulos por la aceptación de los documentos contra el pago del importe del acreditivo (precio de compra).

En relación con estas disposiciones mencionaremos aún que las cláusulas generales de contratación de algunos Bancos contienen una especial, según la que los derechos inherentes a los documentos que se van a recibir se reputarán cedidos al Banco, de tal modo que, tan pronto como por cualquier motivo tenga el Banco que renunciar la propiedad en garantía, podrá reclamar las mercancías[87]. Además, en estos créditos sobre títulos, se entiende que el Banco declina toda responsabilidad por la falsificación, falseamiento, validez jurídi-

85 Acerca del derecho real del Banco en relación con los derechos de un tercero sobre el objeto, véase *Warenkredit*, págs. 77 y ss.

86 Comp. *Cap.* 7, pág. 235.

87 *JW.* 1921, *H.*, 14, pág. 837, n. 11, acepta la cesión de la acción de reivindicación y la transmisión de la propiedad. Me parece muy discutible que quiera verse en esta norma de las condiciones generales un pacto de tal clase que deba reputarse como cedida al Banco la obligación causal de una letra no aceptada y girada al Banco. (*Banhgecháftl. Formularbuch*, pág. 11, línea 14.) Los títulos sobre mercancías del *HGB.*. son, como la letra, títulos a la orden, pero no son idénticos a ella; los duplicados de la carta de porte no se incluyen en la categoría de los títulos a la orden. Por esto se debería interpretar, en cada caso, el sentido literal de esta cláusula.

ca, integridad de los títulos, así como por la calidad debida y prescrita de las mercancías cargadas[88].

5. Créditos del comisionista

Trataremos aquí tan solo de algunas disposiciones complementarias por las que no sufren modificación los preceptos legales sobre el crédito o el préstamo.

Ante todo, contiene el *HGB.* en el § 393 un precepto sobre la responsabilidad por los créditos concedidos por parte del comisionista. Comisionista es aquel que por profesión compra o vende mercancías o efectos por cuenta de un tercero, pero en nombre propio.

El negocio total va en perjuicio o beneficio del comitente; el comisionista recibe solo su comisión.

Se exceptúan de lo que acabamos de exponer los créditos concedidos por el comisionista sin consentimiento —no es preciso que sea contra la voluntad— del comitente. Si se tratase de una comisión de venta y si el crédito se hubiese concedido al comprador, no deberá verse aquí un crédito en el sentido que ha sido expuesto en páginas anteriores, sino un plazo para el pago, que no interesa a nuestro tema. Tan solo deben ser estudiados aquí aquellos casos en los que el crédito es concedido en una comisión de compra o en una comisión de venta, siempre que en este último caso sea a persona distinta del comprador. Con relación a estos créditos preceptúa el *HGB.*, en su § 393, que no solo no quedan a cargo del comitente cuando han sido concedidos sin su consentimiento, sino que, además, el riesgo por tal operación de crédito debe soportarlo exclusivamente el comisionista, aun cuando la operación de crédito se haya verificado en interés del comitente.

Además, dispone el § 397 del citado Cuerpo legal que el comisionista tiene por el préstamo concedido sobre el objeto, pero no en virtud de otros préstamos, un derecho de prenda legal, es decir, una prenda para cuya constitución no hace falta previo acuerdo, sobre el objeto de la comisión en tanto lo conserve en su posesión y, por consiguiente, también sí puede disponer de él mediante títulos de tradición, especialmente conocimiento, talón de carga o resguardo de depósito (no corresponde aquí la carta de porte). Los efectos del derecho de prenda legal son los mismos que en la prenda contractual El mismo derecho de prenda legal corresponde al comisionista por todas las prestaciones en cuenta corriente en la operación de comisión, por consiguiente, no solo por las prestaciones que han nacido en consideración al objeto de la comisión que está en su posesión, sino también por los préstamos anteriores que han sido incluidos en cuenta corriente. Esta cuenta corriente, que no necesita tener los caracteres de una cuenta corriente propia, no precisa que se componga solo de partidas que provengan del contrato de comisión; sin

88 Comp. pág. 217, nota 452. El peligro de la falsificación lo soporta el mandante. (*RG.*, 10, 1, 1910, en *B. A.*, IX, 297.)

embargo, el derecho legal de prenda solo existe para aquellas partidas de esta cuenta corriente que se hayan derivado de la comisión[89].

Un derecho de prenda legal parecido concede el *HGB,* al expedidor (§ 410) y al porteador (§ 440), pero no por los créditos concedidos, sino por los anticipos[90]. Además, se requiere conexión entre la prestación y el objeto pignoraticio, de tal modo, que no existe prenda legal en los casos en que los créditos han sido sentados anteriormente en la cuenta corriente.

Para las operaciones de crédito bancarias solo tiene importancia el derecho de prenda legal del comisionista en el comercio de efectos.

6. MANDATO DE CRÉDITO

Se entiende por mandato de crédito el mandato dado generalmente a una institución bancaria para que conceda crédito a un tercero en una cuantía determinada en nombre propio y por propia cuenta.

Por este crédito responde el mandante, en virtud de la ley, como fiador, sin que se precise una declaración de fianza. El crédito no se concede, pues, en favor del mandante, sino del tercero beneficiario; la suma del crédito será, por tanto, contabilizada en la cuenta del tercero y no en la del mandante.

El mandato de crédito[91] no tiene forma especial en contraposición a la fianza para la que se prescribe la forma escrita, a no ser que implique un acto mercantil por parte del fiador[92]. Si el mandato de crédito se transformase posteriormente en una fianza, lo que jurídicamente es posible, deberá sustituirse el mandato hecho sin formalidad alguna por una declaración escrita de fianza.

Entre el acreditante y el tercero beneficiario existe una pura relación de crédito a la que habrán de tener aplicación las disposiciones legales sobre el préstamo. Las relaciones jurídicas entre el acreditante y el mandante se regulan, en lo que se refiere a aquél, por los preceptos legales sobre el mandato, aplicándose al mandante las normas de la fianza. En consecuencia, el mandatario debe aceptar el mandato[93] en tanto se trate de una institución bancaria que debería rechazar expresamente el mandato si no lo quisiera desempeñar[94]. No puede transmitirlo a otro en caso de duda[95], lo que, además, no es usual en la práctica. Debe seguir las instrucciones del mandante[96], a no ser que las circunstancias le hagan deducir que si el mandante hubiese conocido la situación real habría consentido la variación. Este precepto provoca con facilidad discusiones, generalmente, cuando el tercero no puede cumplir las obligacio-

---

89 *RG.,* 9, 430.

90 Comp. pág. 56 y ss. Aquí no son, por consiguiente, idénticos anticipo y préstamo. También el § 397 *HGB,* distingue entre anticipo y préstamo.

91 § 778, *BGB.*

92 § 766, 1, *BGB.;* § 350, *HGB.*

93 § 662, *BGB.*

94 § 663, *BGB.;* § 362, *HGB.*

95 § 664, *BGB.*

96 § 665, *BGB.;* véase pág. 227, nota 473.

nes derivadas del contrato de crédito; por este motivo es recomendable para el Banco consultar al mandante antes de que. aun en detalles nimios, quiera o deba apartarse de su mandato. Está obligado con el mandante a rendirle cuentas, así como a darle informes de la situación del crédito[97]. Además, está obligado a velar por los intereses del mandante en oposición a la fianza en la que no existe tal deber del acreedor (comp. página 72 y ss.).

Está autorizado para denunciar el mandato en cualquier momento frente al mandante[98] y aun fuera de tiempo, cuando tenga un motivo grave, y siempre lo es la ruina del tercero, o cuando concurran tales circunstancias que hagan peligrar la devolución del crédito. Por el contrario, no está obligado el mandatario a entregar al mandante todo lo que pueda obtener de la gestión del negocio[99]; esto está en contradicción con la esencia del contrato de crédito en tanto que el crédito ha sido concedido por el acreditante a cargo del mandante, y, por tanto, también deben recaer sobre este los beneficios de la operación de crédito.

Hasta la concesión efectiva del crédito rigen para el mandante los preceptos sobre el mandato, particularmente en cuanto está autorizado a rescindir el contrato y a retirarlo aun después de la aceptación por el mandatario[100].

Concedido el crédito, tienen aplicación para el mandante, ante todo, las disposiciones legales sobre la fianza; pero ya no tiene derecho a revocar el mandato en cualquier momento, sino que precisa siempre por su parte la denuncia (v. pág. 72 y ss.). Puede designarse el mandato de crédito, por lo que concierne al mandante, como fianza legal. El mandante tiene todos los derechos y obligaciones del fiador, particularmente el beneficio de excusión, en tanto que el mandato de crédito no constituya para él un acto mercantil[101].

El mandato de crédito no se extingue por la muerte del mandante[102].

Es discutido por la doctrina si se extingue por la muerte del mandatario[103], pero para la práctica es de escasa importancia, pues el mandatario es casi siempre una institución bancaria cuya continuidad no depende de la vida de sus directores, ni aun en el caso de que se trate de una Banca privada. El mandatario puede provocar la conclusión del mandato mediante la denuncia en cualquier momento, y eventualmente también a destiempo (véase más atrás). El mandante puede igualmente denunciar, pero solo en su calidad jurídica de fiador, no de mandante. Puesto que la ley no da más detalles sobre la denuncia por el fiador, no se puede negar este derecho; no obstante, deberán observarse por el fiador plazos adecuados. Si el pago con ocasión del mandato

97 § 666, *BGB.*

98 § 671, *BGB.*

99 § 667, *BGB.*

100 § 671, *BGB.*; *OLG.*, 9, 13.

101 § 349, *HGB.*

102 §, 672, *BGB.*

103 En contra, Staub, § 349, nota 61; sobre ello dice Planck, § 778, 4; § 673, *BGB.*, que el mandato se extingue «en la duda».

de crédito fuese nulo, responderá el mandante, pero no por el mandato de crédito, sino en virtud de la relación de mandato[104].

En la vida bancaria el mandato de crédito no es frecuente; se efectúa en sustitución de la fianza en las moratorias de transporte[105] y en operaciones semejantes. Los formularios de mandato contienen, generalmente, reglamentaciones detalladas sobre el derecho de rescisión del mandante, que es pactado por un plazo determinado; igualmente renuncia el mandante por la firma del formulario a las excepciones de nulidad, impugnación, compensación y excusión que le competen en calidad de fiador.

7. CARTA DE CRÉDITO Y ACREDITIVO DOCUMENTARIO

(CRÉDITO CONFIRMADO)

No pertenece a las operaciones de crédito propiamente dichas la emisión de una carta de crédito o la concesión de un acreditivo. Es perfectamente posible que ambas operaciones estén relacionadas con una operación de crédito, pero ni la firma de una carta de crédito ni la facilitación de un acreditivo como tales lo requieren[106].

Por carta de crédito se entiende el requerimiento hecho generalmente por un establecimiento bancario (librador, ordenador), a otro establecimiento bancario (librado) para que pague por cuenta del Banco ordenador en favor de un tercero, esto es, el designado en la carta de crédito como beneficiario (tenedor, acreditado), cantidad determinada mediante la presentación del documento escrito emitido por el Banco ordenador[107]. Por tanto, tendrán aplicación a la carta de crédito las disposiciones legales sobre la asignación[108] —especialmente la asignación con el fin de pago[109]— y no las relativas al mandato de crédito. El pago se efectúa por el librado a cargo de la cuenta del ordenador que responde por la suma pagada como deudor y no solo como fiador, y el librado no adquiere acción alguna contra el tenedor de la carta no interesándole su situación patrimonial ni su capacidad crediticia. El ordenador está generalmente en situación de compensación con el librado o le proveerá en tiempo oportuno las sumas del crédito a pagar, con lo que no existe en esta asignación un negocio de crédito propio, pero con el pago de la carta de crédito puede estar ligada una operación de aquella naturaleza y, sin duda, puede existir una operación de crédito, por un lado, entre el librador y el librado y, por otro, entre el tenedor y el librador. En estos casos se aplicarían a estos créditos los

104 Por tanto, no en virtud del § 778 *BGB.*, sino de los §§ 670, 675, *BGB.* Comp. STAUB, § 349, nota 62.

105 Por ejemplo, en el Banco Alemán de Crédito del Tráfico.

106 Esto se reconoce también por la doctrina y la jurisprudencia. Véase *RG. Kommenlar,* § 778, 4; *RG.*, 64, 109.

107 No contra la devolución de la carta de crédito. Esto no se hace sino una vez que se ha pagado íntegra la cantidad designada en ella y en el lugar en que se ha efectuado el último pago.

108 §§ 783 y ss., *BGB.*

109 § 788, *BGB.*

preceptos legales sobre préstamos no modificados por las disposiciones legales sobre la asignación; hay que tener en cuenta que el librador puede revocar la asignación frente al librado en tanto que este no la haya aceptado al tenedor o le haya pagado[110]. Sobre las relaciones jurídicas entre el asignador, de un lado, y el asignado y el tenedor de otro, compárese la sentencia del Tribunal del Reich de 22 de septiembre de 1906 en *RG.* 64-III y siguientes (publicado en *B. A.*, VI, pág. 46).

Todo lo dicho puede aplicarse al acreditivo[111]. Se entiende por acreditivo el mandato dado a un establecimiento bancario de hacer un pago a un tercero por cuenta del asignador. Se distinguen los acreditivos en los que el pago debe hacerse contra la presentación de documentos y aquéllos en los que esto no es necesario. En estos últimos existe, entre el que da la orden y el que la recibe, un sencillo mandato cuyo objeto es un pago. En el primer caso existe una relación de mandato con un poder pleno de representación (§§ 662 y ss., 164 *BGB.*), o un contrato de obra (§ 675 *BGB.*). En cualquier caso, el acreditivo no es mandato de crédito, puesto que el pago no se hace por cuenta del que recibe la orden ni es tampoco una asignación en el sentido del § 783 del *BGB*, porque, por un lado, al acreditado no se le da ningún documento en virtud del cual esté autorizado para obtener el pago y, por otra parte, los acreditivos con documentos[112] que incorporan una contraprestación[113], deben ser presentados por el acreditado al mandatario, y el pago se hace depender, por tanto, de una contraprestación. De aquí se deduce que el acreditivo no es, de ningún modo, una operación de crédito; el mandato se hace para el pago, no para la concesión de crédito[114]; sin embargo, puede estar relacionado, como la carta de crédito, con una operación de crédito, e igual que aquélla con una operación de crédito bilateral entre el Banco que da la orden y el que la recibe y —en oposición a la carta de crédito— entre el segundo y el acreditado. También se aplican los preceptos legales sobre el préstamo a esta operación de crédito[115]. Esta situación jurídica no es modificada por la interpolación de un segundo establecimiento de crédito —lo que es muy frecuente y en el comercio internacional la norma general— porque la toma del documento y el pago del contravalor deben efectuarse en el país del exportador extranjero. Tampoco constituye en modo alguno una regla corriente la concesión de crédito entre los dos establecimientos de crédito mandatarios; al contrario, el Banco extran-

110 § 790, *BGB*. Véase, sin embargo, *B. A.*, VI, 47, y DANZ, en *B. A.*, VI, 97.

111 JACOBI en *B. A.*, XX, 245, 257; KOCK, *Warenkredit*, pág. 86 y ss. *Formularbuch*, pág. 61.

112 Estos documentos de contenido prescrito son, en su mayor parte, títulos sobre mercancías, esto es, conocimientos, talones de carga, recibos de depósito, duplicados de carta de porte; pero, naturalmente, pueden entregarse otros títulos; el acreditivo, por ejemplo, puede entregarse contra la entrega de efectos o cédulas hipotecarias con capacidad resolutoria.

113 Este concepto de la prestación, como se deduce de la nota anterior, debe comprenderse con amplitud; no es necesario que las mercancías sean cargadas por el acreditado o por el dador del acreditivo; pero en la mayor parte de los casos se trata de una contraprestación que posee un valor patrimonial y que, por tanto, produce una disminución patrimonial del acreditado.

114 Así también JACOBI en *B. A.*, XX, 245.

115 Sobre la revocación del acreditivo una vez hecha la prestación, véase *RG.*, 107, 7.

jero pide siempre la remisión del importe del acreditivo antes de aceptar el documento.

No debe mezclarse la operación de crédito de reembolso con la de acreditivo. En el primero, la recepción de los documentos se hace siempre contra la aceptación; se trata, por tanto, de un crédito de aceptación; en el segundo, constituye la regla el pago en metálico, caja contra los documentos[116]. Pese a ello, se equiparan con gran frecuencia los conceptos de acreditivo y de crédito de reembolso[117].

8. EL CRÉDITO DE CONSTRUCCIÓN

El crédito de construcción o contrato de préstamo refaccionario es un contrato de crédito con una finalidad de aplicación predeterminada legalmente. Mientras que, como hasta ahora hemos visto, el acreditante no determina, en general, la aplicación del crédito, aquí, no solo se conviene con precisión en qué debe ser empleado el crédito, sino que también la ley contiene preceptos taxativos sobre la especie y el modo de empleo de las cantidades tomadas a crédito para construir. La ley de Garantías de los créditos refaccionarios de 1.° de junio de 1909, de la que, por lo demás, solo están en vigor los ocho primeros parágrafos, sirve como garantía, tanto a todos los que participaron en la construcción, a los que el § 648 del *BGB.* no concede protección suficiente, como al Banco que concedió el crédito.

El § 1.° de esta ley prescribe que el que recibe cantidades para la construcción, esto es, el tomador del crédito (acreditado), está obligado a emplear ese dinero en el pago de aquellas personas que han participado en la construcción. Como ya se indicó en la página 50, entiendo que la acción del acreditado derivada del contrato de crédito es una mera acción personal y, por consiguiente, no transmisible ni pignorable; ello es aplicable de un modo más acentuado a la acción del contrato de crédito refaccionario. Si erróneamente no se quisiera reconocer que la acción del acreditado en un contrato de crédito debe ser tratada como una acción puramente personal, a lo sumo se podría, en virtud del § 1.° de la ley anterior, ceder o pignorar la acción sobre el crédito refaccionario a aquel que ha participado en la construcción con obras, servicios o suministros[118]. Si el tomador del crédito infringiera las disposiciones del § 1.° y tuviera que suspender pagos o quebrase, será castigado con prisión si hubiere obrado dolosamente en perjuicio del acreedor refaccionario.

El contrato de crédito refaccionario es un puro contrato de crédito; el dinero para la construcción es un préstamo.

---

116 Acreditivo contra la acción del Banco no es frecuente, *o documents agains acceptnce — Rembours, o documents against paginent— acreditivo.* Véase pág. 211, nota 434.

117 Así en RG., 92, 389.

118 También PLANCK, § 399, nota 1. Véase además BUDDE en *B. A.*, VII, 246; HARNEY, ibidem, X, 8; HAGELBERG, ibidem, XI, 150, 167, 187.

Consecuentemente le serán aplicables los preceptos legales del *BGB.*, §§ 607 a 610, especialmente el derecho a retirarse del contrato, mientras el importe del préstamo no haya sido pagado aún y haya ocurrido un empeoramiento esencial en la situación patrimonial del deudor. El crédito se garantizará por una hipoteca inscrita del inmueble en construcción o por una deuda territorial[119].

En el contrato de crédito se determinarán generalmente las modalidades de pago, puesto que el tomador del dinero para construir solo recibirá las cantidades con el avance de la construcción, esto es, con la creación de determinados valores; por ello se estipula el derecho del dador del crédito para hacer tasar o inspeccionar en cualquier momento la construcción por sí mismo o mediante perito. Estipulado el contrato, el Banco no tiene derecho a rescindir el crédito antes de tiempo, en virtud de sus cláusulas generales, aun cuando no haya sido pactada la duración del crédito, ya que le era conocida su finalidad y, por tanto, iría contra la buena fe si lo pudiera rescindir antes de la consecución de aquella finalidad y de la completa utilización del crédito. Pero se reserva el derecho a retirarse del contrato[120] si se ha paralizado la construcción, si no se efectúa la construcción del modo convenido, si se ha intentado el embargo o la ejecución forzosa del inmueble o del crédito para la construcción o, finalmente, si el tomador del dinero para construir ha suspendido sus pagos o ha quebrado. Generalmente, está el Banco autorizado también, aunque no se haya convenido especialmente, a retirarse del contrato si del crédito se hace un uso contrario a lo convenido, pues en tanto que lo consintiera y continuara pagando, se haría culpable de complicidad dolosa en el empleo ilícito del dinero para la construcción[121].

Los preceptos legales sobre el contrato de crédito refaccionario tienen actualmente importancia escasa, primero, porque la segunda parte de la ley no está todavía en vigor y, en consecuencia, los preceptos sobre hipoteca de créditos refaccionarios no tienen vigencia alguna, y, en segundo lugar, porque, a causa de la escasez de dinero, estos créditos se consiguen difícilmente.

9. El crédito de empréstito

El crédito de empréstito es, generalmente, un crédito en efectivo a largo plazo y de rescindibilidad limitada, por el que se entregan al dador del crédito, por parte del tomador del mismo, obligaciones negociables y en el que, por consiguiente, ambas partes están conformes en que, en lugar del primer acreditante, se presentarán como acreedores otras personas: la masa más amplia de los compradores de dichas obligaciones. Las obligaciones y su transmisibilidad constituyen las características más importantes del crédito de empréstito.

---

119 Según los §§ 33 y s. de la ley, la hipoteca por crédito de construcción tiene el primer lugar en la prelación.

120 *Bangeschäftl. Formularbuch,* págs. 58 y 59, § 9.°.

121 Vid. Harnier: *Kommentar zum Gesetz über die Sicherung der Baaj,* § 1.°, nota 6; § 5.° nota 1.

En cuanto al contrato estipulado entre el primer dador del crédito, que asumió el empréstito, y el que obtuvo aquél (deudor del empréstito), es, con arreglo a su naturaleza jurídica, un contrato de préstamo y no de compra. Las voluntades del Banco emisor y las del deudor están encaminadas, respectivamente, a la concesión y aceptación de un préstamo. Por el contrario, la voluntad de aquél que ha adquirido las obligaciones del Banco emisor se dirige a la compra de las mismas, está lejos de su pensamiento conceder un préstamo; para él solo se trata de la colocación de capitales disponibles, mediante la adquisición de obligaciones garantizadas que le proporcionen una renta fija[122]. Por el contrario, la jurisprudencia del Tribunal Supremo del Reich[123] representa la opinión de que la concesión de un crédito de empréstito no es un préstamo, sino una compra; al menos, como el Tribunal del Reich ha indicado en jurisprudencia reiterada[124], se trata de un contrato de préstamo (con constitución de hipoteca) y de una operación de compra con respecto a las obligaciones. Este punto de vista, como se ha indicado, no es acertado, sino que, correspondiendo con la voluntad de los contratantes, debe verse en la conclusión del contrato de asunción del empréstito un contrato de crédito, y en el empréstito mismo un préstamo consolidado; en esta opinión me veo fortalecido tanto más cuanto que frecuentemente se extingue mediante un préstamo consolidado uno no consolidado, y ninguno de los contratantes

122 Véase pág. 198 con respecto a la análoga concesión de crédito por el descuento de una letra.

123 *ROHG.*, 20, 253, dice: «Para el fundamento jurídico de la transmisión de las obligaciones por parte del librador al tomador primitivo, no es normativa la causa expresada en la obligación.» Existe, pues, un contrato de compra. En contra del primer principio no hay nada que objetar, pero La transmisión de las obligaciones se hace justamente en virtud de un contrato de préstamo efectuado entre el Banco emisor y el librador de las obligaciones en el que el Banco se compromete a entregar un préstamo contra la presentación de las cédulas obligacionales que deben permitir al Banco, según convenio, reintegrarse del importe del préstamo antes del vencimiento. Existe una relación parecida, pero de ningún modo igual, a la del descuento de letras. También aquí puede el Banco reintegrarse del importe antes del vencimiento por el redescuento de la letra, sin que por ello pueda verse en el descuento una operación de compra. También la doctrina se inclina por la existencia de una compra y no de un préstamo; así, por ejemplo, ENDEMANN dice, *Handelsrecht*, § 428, IV: «La deuda por el empréstito es una promesa escrita de pago no de préstamo, es decir, o una promesa de pago de capital o de pago de renta. Rectificar el principio básico del préstamo de que solo se debe devolver otro tanto de lo recibido, es inaplicable; mas bien es normativo el contenido de la promesa de abonar intereses y amortizar.» En contra de esto puede objetarse que la entrega de las cédulas obligacionales solo se hace en virtud del contrato de préstamo y, por tanto, representa una condición de este contrato de préstamo, como la obligación del deudor emprestatario de hacer inscribir una hipoteca en garantía del crédito de empréstito. Del mismo modo, no creo vulnerado el principio de que el deudor solo debe reintegrar tanto como recibió al obtener el préstamo; en ningún caso tendrá que devolver más de lo recibido; a veces quizá menos si los títulos del empréstito han sido perdidos sin que el Banco haya proporcionado otros en sustitución de los perdidos. Pero una posible prima puede pactarse en un préstamo sin la entrega de cédulas obligacionales.

124 RG., 25, 64; 45, 231; 28, 30; en contra, reconoce el *RG.*, 26, 50, que el contrato celebrado entre el acreedor y el deudor del empréstito tiene la estructura jurídica de un contrato de préstamo.

tiene el propósito de cubrir el antiguo crédito con el precio de compra de las obligaciones, en tanto, lo que subrayo expresamente, el dador del crédito asume el empréstito en firme, y no solo por vía de comisión de venta: para ambas partes es el empréstito un nuevo crédito y el dador del mismo será pagado por el precio de venta de las obligaciones enajenadas a un tercero, Esta enajenación constituye jurídicamente una compra y no un préstamo.

El contrato de crédito precede también aquí a la operación, cuyos detalles son fijados y convenidos conjuntamente por los contratantes, y los puntos más importantes deben estar indicados en las mismas cédulas del empréstito, en tanto que puedan interesar a los adquirentes posteriores de las obligaciones. Esto se aplica especialmente a los intereses y amortización del empréstito.

Rarísima vez se determinan los intereses, según las oscilaciones del tipo en el mercado monetario, sino que en la mayor parte de los casos se conviene un tipo fijo por años vencidos o, al menos, determinado en sus límites máximo y mínimo. En la época de la inflación se intentó introducir para los empréstitos unos intereses variables dependientes del tipo de descuento del Banco del Reich; pero se trataba de un caso provocado por la progresiva desvalorización del dinero y cuya repetición no se ha intentado después de la estabilización de la moneda. En todo caso, y en contraposición, por ejemplo, con el crédito de cuenta corriente, debe indicarse que la cuantía del tipo de interés no está sometida a la apreciación del dador del crédito en cada momento, sino que se fija antes de la emisión del empréstito y se indica en las mismas obligaciones. Para facilitar el cobro de los intereses se añaden a las obligaciones cupones de intereses.

Otra diferencia con el crédito de cuenta corriente la encontramos en que el crédito de empréstito no es denunciable diariamente ni regularmente por parte del acreedor. O el empréstito no es denunciable para ambas partes o solamente lo es por parte del deudor transcurrido un largo plazo. Con esto se reserva este el derecho de enajenar el empréstito en el mercado libre o amortizarlo por sorteo; lo primero lo hará ante una cotización sobre la par; lo último, ante una cotización por bajo de la par. También las disposiciones sobre la duración del empréstito, rescindibilidad o, mejor, irrescindibilidad, se indican en las obligaciones mismas.

Uno de los preceptos más importantes es que el crédito de empréstito en su conjunto puede garantizarse del mismo modo que cualquier otro crédito, aunque es posible en cualquier momento un cambio en el círculo de las personas de los acreedores. Por tanto, sería posible, por ejemplo, que un Banco afianzara el pago de las obligaciones a su debido tiempo y el abono de sus intereses. En la práctica esto constituye la excepción. Sería también posible que se transmitieran al Banco de emisión como prenda por el empréstito cosas muebles y que este, como representante fiduciario, las retuviera para todos los adquirentes sucesivos de las obligaciones; pero a causa de la difícil ejecución técnica de una pignoración semejante, posiblemente será inutilizable. Lo mismo ocurre con la transmisión en garantía. Por el contrario, es muy frecuente, sobre todo en empréstitos industriales, la constitución de hipotecas de seguridad[125]. Esta hipoteca se inscribe por la suma total de las obligaciones y no separadamente para cada obligación: si son títulos al portador, en beneficio del tenedor actual, y si son a la orden, en beneficio del primer acreedor designado en el documento. La mayor parte de las veces se nombra un representante fiduciario para la realización de las medidas administrativas unidas a una hipoteca de esta clase. Además, se puede efectuar un afianzamiento solo de las prestaciones de intereses como tales, mediante la separación de determinados ingresos, como, por ejemplo, es caso frecuente en empréstitos del Estado que se asumen con fines distintos (empréstitos ferroviarios, empréstitos para obras hidráulicas).

Las obligaciones son casi siempre al portador, pero también pueden ser a la orden y nominativas y pueden transmitirse por endoso. Las obligaciones al portador solo pueden ser emitidas con el consentimiento del Estado[126]. La obligación representa siempre un capital dado a crédito en contraposición a las acciones que incorporan partes del capital. Los empréstitos se clasifican en empréstitos amortizables, con amortización y sorteo, o en consolidados, llamados también empréstitos perpetuos o de renta con posibilidad de amortización, pero no con obligación de ello.

Profundizar sobre las distintas clases de empréstitos nos llevaría demasiado lejos, tanto más cuanto que la clase del empréstito no tiene importancia para la naturaleza jurídica del crédito de empréstito.

El crédito de empréstito no vence ni por la muerte del deudor ni por la del acreedor; lo primero es, además, difícilmente concebible, porque el deudor del empréstito debe, por regla general, ser una persona jurídica. Tampoco vence por la quiebra del acreedor, y en general, los sucesos que afectan a la persona de este no tienen transcendencia sobre las relaciones de crédito; pero sí la tiene la quiebra del deudor. En este caso, se provoca inmediatamente el vencimiento del empréstito como deuda a término[127].

Las condiciones generales de los Bancos no contienen precepto alguno sobre los créditos de empréstitos. Si se conviene un crédito semejante se fijarán sus condiciones —que variarán en cada caso— en un contrato, cuyas normas fundamentales se imprimirían sobre las obligaciones mismas y que serían dadas a conocer en prospectos especiales al lanzar al público la emisión o al introducirla en la Bolsa.

125 §§ 1.187-89, *BGB*. Comp. *Bankgeschäftl. Formularbuch*, pág. 91, nota 4, sobre la hipoteca de títulos de valores.

126 § 795, *BGB*. La asunción de un empréstito precisa el consentimiento de las autoridades competentes, es decir, de las señaladas por la ley para ello: en los empréstitos comunales y del Estado, del Consejo del Municipio o del país; en los empréstitos del Reich, del Reichstag; en los de las Sociedades anónimas, de la Junta general.

127 § 65, *KO*.

10. Créditos colectivos

Los créditos pueden ser concedidos tanto a varios acreditados como por varios acreditantes. En este último caso, se habla de un crédito colectivo. Concedido el crédito a varios acreditados, responden estos, salvo pacto en contrario, como deudores solidarios, es decir, que cada uno de ellos está obligado a verificar la prestación íntegra a requerimiento del acreedor; pero este solo puede exigir la prestación una sola vez. Si el deudor solidario hubiese pagado íntegramente al acreedor, adquirirá el derecho del mismo y podrá pedir compensación a los demás deudores, a no ser que estos puedan oponer a la compensación otros derechos contractuales[128].

Un crédito colectivo es concedido conjuntamente por varios acreedores, por lo que entre estos nace, mediante pacto, una relación de sociedad o una relación análoga.

Este pacto, que no está sometido a preceptos formales y, por tanto, puede también realizarse verbalmente, encuentra su expresión en los contratos consorciales, en el contrato para la concesión de una coparticipación o en el contrato relativo a la realización de los llamados meta-créditos. En la práctica, el contrato se realiza generalmente por escrito, porque la mayoría de las veces se refiere a operaciones de crédito complicadas y a largo plazo, para las que posteriormente, en caso de tener que recurrir a algún medio de prueba, no son adecuadas las convenciones orales.

Este contrato no es, ni por su contenido ni jurídicamente, un contrato de préstamo —aunque puede estar relacionado con un préstamo—, sino que contiene solo los acuerdos de varios acreedores entre sí acerca de sus derechos y deberes con respecto al préstamo que se ha de conceder en común por ellos a un tercero. El contrato de préstamo estipulado entre el consorcio y el deudor no debe confundirse con aquel efectuado solo entre los que constituyen el consorcio. El contrato de préstamo es un contrato completamente independiente, precedido casi siempre por el contrato consorcial.

A semejante pacto, en que varios acuerdan la concesión de un crédito en común, se le aplican las disposiciones del *BGB* sobre la Sociedad[129]. Decisivo para la esencia de la Sociedad civil es la comunidad de fin, es decir, los socios deben ponerse de acuerdo contractualmente para la obtención de un fin común[130].

Este fin común es, en los créditos colectivos, como indica el nombre, la concesión en común de un crédito con el propósito de, mediante la comunidad, repartir entre varios el riesgo inherente al negocio[131]. Otras características de Sociedad civil son las siguientes: se constituye por un contrato, posee un patrimonio social y tiene representación al exterior a través de sus socios.

---

128 §§ 421 y 426, *BGB*.

129 §§ 705-740, *BGB*.

130 Comp. *RG.*, 18, 12, 1917, en *Warneyer*, vol. XI, 49.

131 Sobre operaciones consorciales y metacréditos, véanse mis estudios en *B. A.*, XXI, 237, y en *Bankgeschäftl. Formularbuch* de 11-4-1922, y 19-2-1925.

Naturalmente, no se puede en este lugar estudiar a fondo la naturaleza jurídica del consorcio[132], de la coparticipación y del metacrédito. Debe hacerse, sin embargo, una indicación sobre estas instituciones en forma breve en cuanto que son de importancia para los socios mismos en relación con la operación de crédito, pues a la relación crediticia entre deudor y acreedor tienen aplicación, sin modificaciones, las disposiciones legales sobre el préstamo.

El supuesto de hecho de un crédito colectivo es que varios se reúnen contractualmente con la intención y con el fin de conceder colectivamente un crédito a un tercero, bien porque la cuantía del mismo, o el riesgo que implica, sean demasiado grandes. El importe del crédito debe ser aportado colectivamente por todos los contratantes en las proporciones establecidas que se fijarán con arreglo a la capacidad de prestación de cada uno. Los pactos de los acreedores colectivos pueden ser de tal modo que por ellos sepa el deudor que el crédito es colectivo, apareciendo, por tanto, dicha colectividad exteriormente; o bien que no sea este el caso, y el deudor debe suponer que el crédito le ha sido concedido solo por aquel que trató con él. El contrato, como tal, será entre todos los acreedores entre sí o de uno de ellos con cada uno de los demás; si al mismo tiempo debe hacerse pública la relación de Sociedad, se habla en este caso de la formación de un consorcio. Si el contrato se concluye solo por un acreedor con otro y solo en lo que respecta a su participación, sin publicación exterior alguna, existirá una coparticipación. Si se tratase de los mismos supuestos que se analizaron para el consorcio, pero sin que la relación social se exteriorice frente a terceros, se habla de una situación de cuenta meta[133], o, en las operaciones de crédito, de un metacrédito.

A todas estas relaciones sociales, que por el antiguo Código de Comercio alemán eran designadas como Sociedades ocasionales, afectan los supuestos de la Sociedad civil y se le aplican, por consiguiente, las disposiciones legales de los §§ 705 y 740 del Código civil alemán sobre la Sociedad que, además, no se cuenta entre las personas jurídicas.

De la naturaleza jurídica de estas Sociedades de crédito se deducen las siguientes disposiciones de importancia para la correspondiente operación de crédito.

a) Crédito consorcial

Debe haberse efectuado entre los acreedores un contrato[134], en el que se obliguen a la concesión colectiva de un préstamo, y acuerden la situación consorcial, por ejemplo, la duración, denunciabilidad, representación, prórroga, así como su finalidad, entrega del crédito, y también regularmente, sobre la operación de crédito como tal; por consiguiente, la cuantía, intereses, duración, denunciabilidad, garantía del crédito y las cantidades correspondien-

132 Sobre la diferencia entre el consorcio y las ligas económicas, véase en *B. A.*. XXI, 238, y de las personas jurídicas y Sociedades mercantiles, *ibidem*, 239.

133 La cuenta en relación meta es generalmente una Sociedad interna sin patrimonio social; excepcionalmente debe en tales créditos deducirse de la naturaleza de la operación, que aquí también debe formarse un patrimonio social (v. pág. 260).

134 § 705, *BGB.*, *Bankgeschäftl. Formularbuch*, pág. 75.

tes a cada uno de los que constituyen el consorcio y que deben aportar para constituir el fondo del crédito. No es contrario a ello y ocurre frecuentemente que a este contrato se una en un mismo documento el contrato del préstamo efectuado con el deudor. El contrato de consorcio no está sujeto a preceptos formales, pero en la práctica es corriente la forma escrita.

La Sociedad civil, aunque no es persona jurídica, posee, sin embargo, un patrimonio propio y también ocurre así en el consorcio.

El patrimonio del consorcio se forma por las aportaciones de los socios y se pone en calidad de préstamo a disposición del acreditado. El importe del crédito constituye, por tanto, no siempre la totalidad del patrimonio de un consorcio de crédito, pero sí su parte más importante. El patrimonio del consorcio está jurídicamente separado del patrimonio de los socios en particular y representa un nuevo objeto patrimonial sobre el que no se puede disponer sino mancomunadamente y que es designado como patrimonio mancomunado[135]. La parte de cada una de las personas que constituyen el consorcio, así como las cosas que les pertenezcan, están sustraídas a su disposición. Por tanto, uno de los socios no puede rescindir por sí solo la parte que le corresponda en el crédito consorcial frente al tomador del crédito, porque ello iría contra la finalidad del contrato de consorcio e infringiría el contrato; no puede tampoco ceder o pignorar su parte. Solamente pueden cederse los derechos correspondientes en los beneficios o la parte que ha de recibir el socio en la liquidación[136].

De la naturaleza del consorcio se deducen los derechos y los deberes de los miembros del mismo. El socio está obligado a no hacer nada que se oponga a la consecución del fin común; debe aportar, además, las sumas convenidas y participar por partes iguales en las pérdidas, si las hubiera, a falta de pacto en contrario[137]. Los derechos consisten en participar en las ganancias en tanto que se hayan obtenido beneficios, examinar las cuentas y pedir la rescisión.

Sería inadmisible, a mi juicio, que un socio perteneciera a varios consorcios que se hacen la competencia. El decidir sobre si ha habido beneficio y si este debe repartirse, corresponde generalmente al acuerdo de la mayoría de los socios.

No tendría finalidad y solo produciría rozamientos, que en las relaciones con terceros actuasen todos los socios. La representación, la llamada dirección del negocio, es encargada, en consecuencia, a un socio. Actuará por cuenta y en nombre del consorcio y está obligado a rendir cuentas, de lo que puede exonerarse por acuerdo contractual[138]. No le corresponde, con arreglo a la ley, una indemnización por su trabajo; sin embargo, generalmente se le concede en el contrato. La dirección del consorcio lleva, en virtud de su mandato, las

---

135 § 718, *BGB.; RG.*, 56, 208. Contractualmente puede excluirse la comunidad de mano común y pactarse en cuotas o como sola propiedad del consorcio. Cuando deba aceptarse esto, comp. *RG.*, 3, 6, 1904, en *B. A.*, IV, 93, y *RG*, 92, 342.

136 §§ 719, 717, *BGB.*

137 También, ante cuotas de distinta cuantía, la participación en los beneficios y las pérdidas es igual y no proporcional a aquéllas (§ 722, *BGB.*).

138 § 721, *BGB.*; comp. también *ROHG.*, 17, 389.

cuentas del mismo y la de crédito. Paga el importe del crédito al tomador del mismo y recauda de los socios las cantidades que les corresponden. Liquida las cuentas y es indemnizado por su trabajo con la comisión de cambio en relación con la contabilidad, a no ser que contractualmente se le haya concedido una comisión especial. En consecuencia, está facultado y obligado a hacer y a aceptar pagos por el consorcio. Por la gestión responde solo por diligencia *quam suis* y, por tanto, por culpa grave y dolo[139].

Independientemente de la representación existe la responsabilidad solidaria, incluso de los socios no gestores, por las obligaciones del consorcio. Con arreglo a la naturaleza jurídica del patrimonio consorcial, como patrimonio de mano común, responde cada uno de los socios como deudor solidario por las obligaciones[140] y aún por más allá de lo que represente el patrimonio consorcial. Si, en consecuencia, no se hubiese pagado al tomador del crédito del modo convenido la suma contractualmente determinada, podrá exigir el importe total del crédito del socio que él prefiera y demandar a este para el pago. Sin embargo, es posible limitar, mediante el contrato de consorcio, esta responsabilidad solidaria, de un lado, al patrimonio social[141], y de otro, por la exclusión de la situación de mano común, a las cuotas aceptadas por cada socio[142].

En las relaciones de negocios de los socios con terceros debe determinarse que la participación consorcial en el patrimonio común del consorcio no es transmisible, lo que contradiría la esencia del crédito consorcial que se basa, por un lado, en la confianza de los consocios entre sí, y por otro, también en la confianza recíproca entre el dador y el tomador del crédito. En consecuencia, tampoco es pignorable, en general, esa participación[143], pero podrá serlo[144] pudiendo el acreedor pignoraticio denunciar el contrato sin observar el plazo de denuncia e inmediatamente después de la disolución del consorcio, está facultado a reclamar la cuantía de su derecho sobre la participación correspondiente al socio deudor.

---

139 §§ 708, 277, 276, *BGB.*

140 § 735, *BGB.*, regula solamente las relaciones internas. Las relaciones externas se reglamentan según los §§ 714, 427, *BGB.*

141 Mientras que, según el *RG.* 12, 229, también debe mostrarse hacia afuera la limitación de responsabilidad para poderla invocar en interés de la Sociedad, repútalo el RG., 90, 176, como materia de interpretación en tanto que no se deduzca de] contrato de Sociedad, debiendo determinarse si del contenido especial del contrato de Sociedad, de la finalidad social, etc., debe estimarse como querida la limitación de responsabilidad.

142 Sobre la exclusión de la responsabilidad solidaria, véase ENDEMANN, I, pág. 1.139. PLANCK, § 714, nota 3; puede pactarse, por ejemplo, la propiedad en cuotas partes, lo que además puede deducirse del sentido del contrato consorcial. Este sería el caso, en mi opinión, si, por ejemplo, se hubiese determinado contractualmente en cifras la participación de cada consocio en el crédito, o si el tomador del crédito solo puede disponer del importe del crédito directamente a través de cada uno de los consocios y no de la dirección del consorcio; sobre esto véase también *RG.*, de 3, 6, 1904, en *B. A.*, IV, 93.

143 La pignoración de cuotas consorciales no es una cesión (*RG.*, 57, 414).

144 §§ 857, 859, *ZPO.*

Por el contrario, si se hubiese excluido la propiedad de mano común y pactada la copropiedad divisible, podrá cada socio ceder su participación y un tercer acreedor pedir la ejecución forzosa sobre la participación[145]. Los preceptos sobre la denuncia inmediata y sobre el embargo de una participación consorcial producen en la práctica dificultades extraordinarias, pues un crédito indenunciable en un largo plazo no puede vencer por la denuncia del contrato consorcial por parte de un tercero, y el tomador del crédito no está obligado, con arreglo al contrato de préstamo, a pagar antes del tiempo convenido, a causa de la denuncia del contrato consorcial o del embargo de la participación consorcial, un crédito que le fue concedido a largo plazo. Tiene entonces aplicación el § 730, párrafo segundo, del Código civil alemán, con arreglo al cual, aun después de la disolución de una Sociedad, se reputa a esta como existente hasta la conclusión de las operaciones pendientes, a no ser que los demás socios prefieran, para salir de esta situación desagradable, pagar ellos mismos al tercer acreedor y quedarse con la participación de su consocio[146].

Si se hubiesen proporcionado garantías por el crédito, por ejemplo, fianzas o hipotecas, podrán todos los socios inscribirse en el Registro (§ 48 de la ley Hipotecaria) o ser incluidos en el documento de fianza. Generalmente se constituyen las garantías en beneficio de la Dirección del consorcio, que se reputa como representante fiduciario de los demás socios.

El crédito consorcial es, por tanto, según las indicaciones anteriores, una Sociedad externa con patrimonio social.

b) La coparticipación

A la coparticipación, que solo se concede en la parte del socio coparticipante, tiene aplicación lo que acabamos de exponer, solo con la particularidad de que esta coparticipación no se manifiesta al exterior[147]. Las disposiciones sobre la representación de la Sociedad por la Dirección consorcial caen por su base, pues el participante no tiene en absoluto derecho alguno a actuar por la Sociedad existente entre él y su socio. La coparticipación, es, pues, una Sociedad interna con patrimonio social.

c) El metacrédito

El metacrédito[148] es muy raro en la práctica; generalmente se trata de un crédito consorcial. Lo típico del mismo es la falta de un patrimonio social y de la representación al exterior[149]. Lo primero es, en mi concepto, completa-

145 §§ 753, 747, *BGB.*

146 De un modo análogo, §§ 736, 738, *BGB.*

147 Comp. *B. A.*, XXI, 245, particularmente su nota 4.

148 Véase sobre esto mis estudios en la *Kartenauskunftei Abtlg.*, de 19, 2, 1925, *Bankwesen Metageschäfte.*

149 También tienen aplicación a las Sociedades sin patrimonio social los preceptos del *BGB.* sobre la Sociedad; la formación de un patrimonio social no es una necesidad imprescindible para la existencia jurídicamente válida de la Sociedad (*RG.* 192, 342).

mente imposible en una relación de crédito, de tal modo, que incluso en el metacrédito debe suponerse siempre en la voluntad de los socios constituir un patrimonio social por las aportaciones y conceder el préstamo con este patrimonio social. Por esto, veo entre el metacrédito y el crédito consorcial solo una diferencia: que el primero no se manifiesta al exterior, lo que, además, contradiría en la práctica la voluntad de los Bancos. Por tanto, el metacrédito es, en sí, una Sociedad interna sin patrimonio social.

En estas tres clases de Sociedades se extinguen las relaciones de Sociedad con la consecución del fin común para el que fue constituida, o por la rescisión, muerte o quiebra de un socio[150]. Sobre estos puntos no cabe pacto en contrario[151]. La conclusión de la Sociedad tiene importancia en tanto que no puede estar en contradicción con el contrato de préstamo. Por tanto, si este es indenunciable, lógicamente, y de acuerdo con la voluntad de las partes, debe reputarse indenunciable la Sociedad, puesto que las relaciones jurídicas entre el deudor y los socios se rigen exclusivamente por el contrato de préstamo y no por el contrato consorcial, cuyo contenido es en absoluto desconocido para el deudor. Una prórroga de las relaciones consorciales, cuyo plazo ha transcurrido, solo será posible con el consentimiento de todos los socios. Ninguno de ellos puede ser obligado contra su voluntad a continuar perteneciendo al consorcio después de la terminación del mismo aun cuando —y esto constituye la regla general, en la práctica, en los patrimonios consorciales— esta prórroga, por acuerdo de la mayoría, hubiese sido expresamente prevista al efectuarse el contrato consorcial.

Puesto que en el tráfico bancario las operaciones consorciales son muy frecuentes, particularmente en épocas de coyuntura económica favorable o de grandes demandas de capital, se han formado en la práctica ciertos esquemas de contratos consorciales[152] que difieren en determinados puntos, unos de otros, según la clase del contrato que colectivamente debe hacerse, pero que coinciden en las líneas generales. Las principales disposiciones jurídicas de estos contratos consorciales derivan de la finalidad y de la clase del negocio consorcial, y han sido ya indicadas en las consideraciones precedentes, mientras que las cláusulas de naturaleza económica solo pueden ser consideradas para cada caso concreto.

---

150 §§ 726, 723, 727, 728, *BGB*.

151 § 729, *BGB*.

152 Proyectos para distintos contratos consorciales en el *Bangeschäftl. Formularbuch*, págs. 75-80.

Apéndices

I

Condiciones del «Arreglo moderador de la competencia bancaria»

Ccon las correcciones y aclaraciones hechas por el Comité Delegado hasta el 28 de marzo de 1944 y las modificaciones introducidas en virtud de disposiciones legales

Acuerdos

Primero. Queda establecida, en las Empresas firmantes de este *Arreglo,* la siguiente tabla de intereses máximos abonables en cuentas corrientes acreedoras y operaciones similares del Pasivo.

a) *Cuentas corrientes a la vista.* —Saldos acreedores, 0, 50 por 100 (medio por ciento) anual.

b) *Caja de Ahorros.* —a) Intereses, 2 por 100 (dos por ciento) anual.

b) Valoración, quincenal.

c) Saldo máximo, 100.000 pesetas (cien mil).

Las libretas abiertas con anterioridad a la Ley de 26 de diciembre de 1940 (*B. O.* del día 22) cuyo saldo exceda de 100.000 pesetas[1], podrán mantenerse por cifra superior dentro de la suma acreditada actualmente, o sea sin admitir nuevas imposiciones, aunque procedan de la acumulación de intereses de la misma libreta. Si estas libretas registran reintegros, el límite permisible quedará reducido sucesivamente en la cifra que ellos alcancen hasta llegar a la suma de 100.000 pesetas, momento en que, automáticamente, quedarán sometidos a la norma general. Los reintegros referidos no pueden ser repuestos en la misma libreta ni en ninguna otra en que figure el mismo titular, tanto en libretas unipersonales o conjuntas como en libretas de régimen indistinto, si en ellas figura algún titular común.

El titular de una cuenta de ahorro, llámese Libreta, Cuenta, Imposición a plazo fijo, etc., por el hecho de serlo, carece de facultad para abrir a nombre suyo ninguna otra cuenta de ahorro, cualquiera que fuese su denominación

---

1 El saldo máximo lo amplió hasta 100.000 pesetas la Ley de 19 de abril de 1941 (*B. O.* 2 de mayo de 1941).

o modalidad y aunque el importe, considerado en conjunto, hubiera de ser inferior o igual a 100.000 pesetas[2].

Se exceptúan de esta restricción, así como de la limitación de 100.000 pesetas, las cuentas abiertas a personas jurídicas[3].

c) *Cuentas de Imposición a plazo fijo.* —(Cuentas a fecha, Bonos a plazo, Imposiciones a vencimiento fijo o cualquier otra denominación de operación semejante.) —a) A tres meses, 1, 50 por 100 (uno y medio por ciento) anual.

b) A seis meses, 2 por 100 (dos por ciento) anual.

c) A un año, 2, 50 por 100 (dos y medio por ciento) anual.

Son aplicables a este capítulo las restricciones respecto de cantidad y pluralidad de cuentas y la excepción a favor de personas jurídicas consignadas en el capítulo b) (Caja de Ahorros).

Toda imposición tendrá, desde su iniciación, un plazo fijo de vencimiento, que no podrá ser variado en forma alguna durante la vigencia de la operación. Los Bancos quedan facultados para conceder facilidades de crédito sobre estas imposiciones, pero no podrán, en ningún caso, modificar su plazo mediante reducción o ampliación del interés pactado[4].

Nota. —«No representa una infracción del artículo 139 de la Ley de Reforma Tributaria la formalización de diferentes imposiciones a plazo a nombre del mismo titular, dentro del límite de las 100.000 pesetas.» (Comunicado de la Dirección General de Banca y Bolsa de 13 de junio de 1941.)

SEGUNDO. —I. *CRÉDITOS CON GARANTÍA PERSONAL.*

a) *Créditos personales con póliza.* —Interés, 4, 75 por 100 (cuatro y tres cuartos por ciento) anual.

Comisión, 2, 50 por 1.000 (dos y medio por mil) trimestral, sobre el importe del límite establecido[5*].

La póliza habrá de estar suscrita por el acreditado, a vencimiento fijo, y en ella se habrá de establecer clara y formalmente la cuantía del crédito.

Siempre que el saldo deudor de una cuenta corriente con garantía personal rebase el límite concertado, la diferencia habrá de considerarse como descubierto en cuenta y tratada como tal en cuanto a plazo, tipo de interés y comisión.

b) *Créditos formalizados en letra* (*descuentos financieros*). —Interés, 4 por 100 (cuatro por ciento) anual.

---

2 Ley de 26 de diciembre de 1940, comunicada de 13 de junio de 1941 de la Dirección General de Banca y Bolsa y aclaración del Comité Delegado acordada en 19 de junio de 1941.

3 O. M. 5 marzo 1941 (*Boletín Oficial* núm. 66).

4 Acuerdo de 28 de abril de 1941.

5 * Actualmente la comisión se devenga como sigue: El 1 por 1.000 sobre el límite del crédito en el momento de la apertura y a primeros de cada trimestre subsiguiente, y el 1, 50 por 1.000 sobre el mayor saldo deudor registrado en cada trimestre.

Estos créditos, concedidos mediante descuento en firme de letras aceptadas, deberán tener vencimiento de fecha concreta dentro de un plazo de noventa días.

c) *Descubiertos en cuenta.* —Interés, 5 por 100 (cinco por ciento) anual.

Comisión, 1 por 1.000 (uno por mil) trimestral sobre el importe del mayor descubierto.

Los Bancos quedan autorizados a no exigir la comisión de 1 por 1.000 cuando el descubierto en cuenta quede cancelado dentro de los tres primeros días de haberse producido[6].

La concesión de créditos bajo esta forma queda prohibida en virtud de Orden ministerial de 15 de octubre de 1942 (*Boletín Oficial* del 22 de octubre).

Sin embargo, dicha Orden ministerial permite:

1.° Los descubiertos menores de mil pesetas por plazos a fijar libremente.

2.° Los descubiertos de más de mil pesetas por plazos no superiores a quince días naturales.

II. *Operaciones de descuento*

a) *Descuentos comerciales.* — Interés, 4 por 100 (cuatro por ciento) anual.

b) *Anticipos con garantía de letras o efectos al cobro.* —Interés, 4, 50 por 100 (cuatro y medio por ciento) anual.

Siempre que el saldo deudor de una cuenta corriente con garantía de letras o efectos al cobro rebase el límite concertado, la diferencia habrá de considerarse como descubierto en cuenta y ser tratada como tal en cuanto a plazo, tipo de interés y comisión.

Las cartas-abonarés llamadas «carterillas», que corrientemente se vienen negociando en diversas plazas, en relación principalmente con el negocio de vinos, deberán estar reintegradas con arreglo al artículo 138 de la Ley del Timbre, siendo el tipo mínimo de interés aplicable para su descuento el 4, 50 por 100 (cuatro y medio por ciento) anual.

En este epígrafe están comprendidos los descubiertos respaldados por letras, basta el plazo de noventa días. En ellos deben cobrarse como comisión mínima trimestral el 1 por 1.000 sobre el nominal del efecto[7].

c) *Descuentos financieros* (*créditos formalizados en letra*). —Véase el capítulo I (créditos con garantía personal).

III. *Créditos con garantía de mercaderías*

Interés, 4, 50 por 100 (cuatro y medio por ciento) anual.

Comisión, 1 por 1.000 (uno por mil) trimestral sobre el límite establecido.

La garantía debe hallarse establecida mediante póliza intervenida por Corredor o Agente, o afectada por letra aceptada y carta.

---

6 Acuerdo del Comité Delegado de 25 de junio de 1943.

7 Acuerdo del Comité Delegado, de 28 de marzo de 1944.

Siempre que el saldo deudor de una cuenta de crédito con garantía de mercaderías rebase el límite concertado, la diferencia habrá de considerarse como un descubierto en cuenta y ser tratada como tal en cuanto a plazo, tipo de interés y comisión.

IV. *CRÉDITOS CON GARANTÍA DE VALORES INDUSTRIALES*

Interés, 4, 25 por 100 (cuatro y cuarto por ciento) anual.

Comisión, 1 por 1.000 (uno por mil) trimestral sobre el límite establecido.

La garantía debe estar formalizada mediante póliza suscrita por el interesado, a vencimiento fijo, e intervenida por Corredor o Agente.

«El límite de los créditos nuevos que se concedan con garantía de valores de renta variable cotizables en Bolsa no podrá ser superior, tratándose de acciones de Sociedades que hayan repartido dividendo en el último ejercicio económico, a los dos tercios de la cotización oficial de dichos valores, ni a la capitalización al cuatro por ciento del dividendo repartido. Tratándose de empresas que no hayan repartido dividendo, el límite no podrá sobrepasar el cuarenta por ciento de la cotización oficial en Bolsa.» (Orden ministerial de 15 de octubre de 1942. *Boletín Oficial* del 22.)

Cuando la garantía de una cuenta de crédito esté constituida por diferentes clases de valores, se aplicará el tipo más elevado de interés que corresponda a una clase de valor, cualquiera que sea la proporcionalidad de este en el conjunto de la garantía.

Siempre que el saldo deudor de una cuenta de crédito con garantía de valores industriales rebase el límite concertado, la diferencia habrá de considerarse como un descubierto en cuenta y ser tratada como tal en cuanto a plazo, tipo de interés y comisión.

V. *CRÉDITOS CON GARANTÍA DE VALORES DEL ESTADO*

Tipos del Banco de España.

Estas operaciones deberán concertarse mediante póliza intervenida por Agente o Corredor colegiado, o afectadas por letra aceptada y carta.

Siempre que el saldo deudor de una cuenta de crédito con garantía de valores del Estado rebase el límite concertado, la diferencia habrá de considerarse como un descubierto en cuenta y ser tratada como tal en cuanto a plazo, tipo de interés y comisión.

VI. *CRÉDITOS CON GARANTÍA DE IMPOSICIONES A PLAZO*

El tipo mínimo de interés que se aplicará a los créditos con garantía de imposiciones a plazo será de 0, 50 por 100 (medio por ciento) anual sobre el aplicado a la imposición.

Siempre que el saldo deudor de una cuenta de crédito con garantía de imposiciones a plazo rebase el límite concertado, la diferencia habrá de considerarse como un descubierto en cuenta y ser tratada como tal en cuanto a plazo, tipo de interés y comisión.

Nota. —Por extensión de lo establecido en las Tarifas mínimas vigentes respecto a las operaciones tratadas en ellas, los gastos de corretaje y timbres devengados en las operaciones incluidas en este *Arreglo* serán igualmente a cargo de los clientes.

Tercero. —En los créditos concedidos a Corporaciones u Organismos de carácter sindical se aplicarán los tipos señalados en los acuerdos precedentes, y solamente en circunstancias especiales, a juicio de cada Empresa, podrá llegarse al límite de concesión siguiente:

Interés mínimo, 4 por 100 (cuatro por ciento) anual.

Cuarto. —Las operaciones que se realicen con Corresponsales que no sean Bancos o Banqueros se ajustarán a las condiciones señaladas en este *Arreglo* para la clientela en general, salvo lo dispuesto en los dos apartados siguientes:

I. Los Bancos podrán concertar libremente con los Corresponsales el régimen de interés de la cuenta, dentro de las siguientes limitaciones:

a) Hasta un saldo máximo deudor o acreedor de 25.000 pesetas con Corresponsales establecidos en pueblos, y de pesetas 50.000 en plazas semibancables.

b) Hasta el número máximo de dos corresponsalías en un mismo pueblo o plaza semibancable.

II. Provisionalmente quedan al margen de las prescripciones anteriores las situaciones de fondos en poder de Corresponsales para realizar pagos por cuenta del Servicio Nacional del Trigo, con la condición de que estas figuren en una cuenta que no registre más movimientos que los producidos por dichas situaciones de fondos y sus contrapartidas.

Quinto. —Están exceptuados de los tipos mínimos acordados en este *Arreglo* los créditos forzosos, teniendo esta consideración los que, por dificultades con el deudor, tengan que ser tratados por la Asesoría Jurídica de la Empresa.

La Banca está autorizada para fijar libremente el tipo de interés en los anticipos o créditos concedidos a su personal[8].

Sexto. —Los Bancos firmantes de este *Arreglo* fijarán, en sus patios de operaciones, carteles anunciadores de los intereses máximos abonables a sus acreedores.

Séptimo. —Para la debida ejecución de este *Arreglo,* las Entidades firmantes del mismo se comprometen expresamente a enviar y hacer cumplir por todas sus Sucursales, Agencias y representaciones, sea cualquiera su denominación, los preceptos contenidos en la Circular de Instrucciones que, como anexo y con carácter preceptivo, se aprobó al mismo tiempo que este *Arreglo.*

Octavo. —El presente *Arreglo* tendrá una duración mínima de un año, pudiendo ser prorrogado tácitamente al llegar su vencimiento.

Noveno. —Para vigilar el exacto cumplimiento de los *acuerdos* contenidos en este *Arreglo,* se constituyen los siguientes Organismos, cuya composición y facultades se especifican en los *Acuerdos* que siguen:

Pleno de las Entidades agrupadas.

Comité Delegado.

---

8 Acuerdo de 23 de abril de 1941.

Junta de Vigilancia.

DÉCIMO. —El Pleno se integrará por una representación de todas y cada una de las Entidades firmantes del *Arreglo* y de las que en lo sucesivo, previos los trámites que se determinarán, se adhieran al mismo.

El Pleno designará un Comité Delegado formado por seis representantes de Empresas adheridas que tengan, necesariamente, su residencia en Madrid.

UNDÉCIMO. —El Pleno, y en su representación el Comité Delegado, tendrá facultades para rectificar, modificar, ampliar o suspender los acuerdos base del *Arreglo,* reuniéndose aquél únicamente cuando, a juicio de los señores que integran el Comité Delegado, la importancia de la cuestión debatida así lo exija.

DUODÉCIMO. —La Junta de Vigilancia estará integrada por tres Vocales, elegidos por los firmantes del *Arreglo.* Los Vocales designados serán, uno con título de Letrado, un Profesor mercantil especializado en contabilidades bancarias y un experto en operaciones y negocios bancarios.

Una vez nombrada la Junta, esta designará de su seno un Presidente y un Secretario.

Las personas nombradas para ocupar los cargos de Vocales de la Junta no podrán pertenecer a ninguna de las Empresas firmantes del *Arreglo* o que sucesivamente se adhieran al mismo, ni percibir de ellas sueldos, gratificaciones o asignación de especie alguna.

DECIMOTERCERO. —La Junta de Vigilancia tendrá como misión concreta velar por el exacto cumplimiento de los acuerdos que se adopten y resolver y fallar las denuncias que sobre posibles infracciones se produzcan.

Para desarrollar esta misión, la Junta podrá designar, previa aprobación de los nombramientos por el Comité Delegado, funcionarios que la auxilien en el cumplimiento de su servicio. Estos funcionarios percibirán, en los casos de desplazamiento, los gastos de viaje, y siempre unas dietas mínimas de 50 pesetas, con un límite de duración en los servicios que en cada caso se concretará por la Junta.

Cuando se produzca una denuncia, dichas asignaciones se satisfarán por la Entidad denunciada, siempre que se compruebe la exactitud de aquélla, y por la denunciante, en otro caso. Si la inspección se realizara sin mediar denuncia previa, los gastos se atenderán con cargo a los fondos de la Junta.

Todas las deliberaciones de la Junta, así como los documentos, datos o cifras que por ella se manejen, tendrán carácter secreto.

DECIMOCUARTO. —La Junta se reunirá siempre que lo acuerde su Presidente.

El Comité Delegado se reunirá a iniciativa de uno de sus Vocales o de la Junta.

Las reuniones del Pleno se acordarán siempre por el Comité Delegado. Deberá reunirse necesariamente por lo menos una vez al año.

A todas las reuniones, tanto del Pleno como del Comité Delegado, concurrirán los Vocales de la Junta, con voz, pero sin voto.

En todas las votaciones que se efectúen, cada Empresa ostentará un voto solamente.

DECIMOQUINTO. —Las Entidades bancarias que con posterioridad a la firma del *Areglo* deseen adherirse al mismo, lo solicitarán por escrito y de la Junta, la cual someterá la petición a la primera reunión que se celebre por el Comité Delegado.

Para acordar la adhesión de una Empresa, será precisa la mayoría de votos de los asistentes a la reunión del Comité.

DECIMOSEXTO. —Toda Entidad agrupada podrá denunciar a la Junta cualquier infracción cometida con respecto a los acuerdos adoptados.

La Junta realizará las gestiones oportunas y las comprobaciones que estime necesarias, notificando a la Entidad denunciada la infracción que se le impute.

A la vista de todas las pruebas y comprobaciones y de las alegaciones que realice el denunciado, la Junta adoptará su acuerdo.

DECIMOSÉPTIMO. —La Junta podrá imponer las sanciones siguientes:

1.ª Advertencia privada al Director de la Empresa que haya cometido la infracción.

2.ª Advertencia pública ante todos los Bancos que hayan suscrito el *Arreglo*.

Se impondrá siempre la segunda de estas sanciones en los casos de reincidencia.

DECIMOCTAVO. —Los fallos que por la Junta se dicten tendrán carácter inapelable.

Por la misma naturaleza del procedimiento, en dichos fallos no se harán constar las razones o motivos que la Junta haya podido tener en cuenta para dictarlos, limitándose a señalar el nombre de la Entidad denunciada, el de la denunciante, en su caso, y el acuerdo sobre procedencia o improcedencia de la denuncia o de la inspección realizada.

DECIMONOVENO. —De acuerdo con los términos de este *Arreglo*, todas las Empresas adheridas al mismo tendrán que facilitar a la Junta, a sus Vocales o a las personas por ella designadas, todos los documentos, antecedentes o noticias que se les pidan en orden a las inspecciones, poniendo a su disposición los libros y documentos que por ellos les sean exigidos.

VIGÉSIMO. —Los gastos, tanto de personal como de material, que por la Junta se realicen, serán sufragados por todos los Bancos firmantes del *Arreglo*, en la proporción correspondiente a la suma de su capital y reservas.

Al finalizar el año se rendirán cuentas al Pleno de dichos gastos.

Apéndice al acuerdo primero

La *Dirección General de Banca y Bolsa* entiende que puede admitir la interpretación de que no representa una infracción del artículo 139 de la Ley de Reforma Tributaria la formalización de diferentes imposiciones a plazo a nombre del mismo titular dentro del límite de las 100.000 pesetas, fundándose en que, si el espíritu de la Ley es que en las imposiciones de ahorro todo el movimiento de operaciones ha de quedar encuadrado dentro de esta restricción fundamental, «una persona, una cuenta y un límite», los ingresos para imposiciones a plazo deben ser considerados partidas de la cuenta registrada en los Institutos bancarios bajo una sola titularidad, siquiera para cada ingreso se expida, por exigencia del vencimiento de la obligación, documento nuevo. (Comunicado de 13 de junio de 1941.)

El *Comité Delegado* resume su criterio en esta materia en los siguientes párrafos:

1.º Pueden continuar, cualquiera que sea su importe y su número, las *Libretas de Ahorro* existentes en la fecha de publicación de la Ley de Reforma Tributaria.

2.º Siguiendo el criterio aplicado a las *Libretas,* a las que se reconoce el derecho de continuidad, las *Imposiciones a plazo* y *Cuentas de Ahorro* pueden ser prorrogadas a sus vencimientos sin que ello se entienda constitución de imposición nueva.

3.º Tanto las *Libretas* como las *Imposiciones* y *Cuentas de Ahorro* que no alcanzasen en la fecha referida la suma de 100.000 pesetas, pueden ser completadas hasta tal importe, sin que este pueda sobrepasar en conjunto y por cada titular.

4.º La cifra de 100.000 pesetas por cada *Libreta, Imposición* y *Cuenta de Ahorro* no puede ser aumentada por ningún concepto, ni siquiera por la acumulación de intereses producidos.

5.º En las *Libretas, Imposiciones* y *Cuentas de Ahorro* que sobrepasen, en la fecha de publicación de la Ley, este límite de 100.000 pesetas, solamente se podrán realizar operaciones de prórroga y reintegro; bien entendido que los importes retirados no pueden ser repuestos por encima del total de 100.000 pesetas, pero sí hasta alcanzar este.

6.º Es necesaria la firma de la declaración que exige el artículo 139 de la Ley de Reforma Tributaria para efectuar el primer reintegro en las *Libretas, Imposiciones* y *Cuentas de Ahorro* de creación anterior a la publicación de la Ley.

7.º Las *Libretas, Imposiciones* y *Cuentas de Ahorro* pueden ser trasladadas de una Oficina a otra del mismo Establecimiento, conservando las mismas características y derechos apuntados. En cambio, el traslado de una de estas

Cuentas de un Establecimiento a otro diferente implica la cancelación de la cuenta en uno y la apertura en otro, y, por lo tanto, la pérdida del derecho de conservar la cifra antigua superior a 100.000 pesetas, en tanto no haya registrado reintegro.

8.° A partir del 26 de diciembre de 1940, para proceder a la apertura de una *Libreta, Imposición o Cuenta de Ahorro,* es imprescindible la declaración a que se refiere el artículo 139. De ello se infiere que a partir de tal fecha no puede un titular tener más que una *Libreta, o* una *Cuenta de imposición, o* una *Cuenta de Ahorro* a su nombre, por el límite máximo de 100.000 pesetas, salvo que ya las tuviera en el momento de promulgarse la Ley.

Las resoluciones apuntadas más arriba no son aplicables a personas jurídicas, puesto que se hallan al margen de las limitaciones de cantidad y pluralidad.

En las *Cuentas de Ahorro* iniciadas con anterioridad a la publicación de la Ley de Reforma Tributaria y que presentasen en tal circunstancia un saldo *superior* a 100.000 pesetas, la reposición de los importes retirados posteriormente no puede, en ningún caso, hacerse hasta alcanzar la totalidad del saldo anterior, sino únicamente hasta el límite de 100.000 pesetas.

Sin embargo, teniendo conocimiento de que por parte de algún Banco no adherido se viene aplicando un criterio opuesto, el Comité Delegado considera oportuno una aclaración oficial de este importante punto, y a este efecto acuerda dirigirse en consulta a la Dirección General de Banca por medio del Comité Central de la Banca Española. (Acuerdo de 19 de junio de 1941.)

II

El crédito y el impuesto del timbre

Damos a continuación algunos datos relativos al reintegro de los documentos de crédito a que directa o indirectamente se hace referencia en el texto. Para más amplia información en esta materia nos remitimos a la obra *El impuesto del timbre en la industria y el comercio,* de F. Sáinz de Bujanda, (Madrid, «Ed. Revista de Derecho Privado», 1944, págs. 324-344).

I) Pólizas de préstamo con garantía de valores cotizables

El art. 138 de la Ley del Timbre de 18 de abril de 1932 establece que las pólizas de préstamo con garantía de valores cotizables «cuyo vencimiento no exceda de seis meses, llevarán el timbre del precio que corresponda a su cuantía, según la escala que a continuación se expresa:

CUANTÍA DEL EFECTO					TIMBRE	
					Clase	PRECIO Pesetas
Hasta	100, 00 pesetas				12.ª	0,20
Desde	100,01	»	hasta	200	11.ª	0,40
»	200,01	»	»	350	10.ª	0,60
»	350,01	»	»	500	9.ª	0,90
»	500,01	»	»	750	8.ª	1,20
»	750,01	»	»	1.250	7.ª	2,40
»	1.250,01	»	»	2.000	6.ª	3,60
»	2.000,01	»	»	3.500	5.ª	6
»	3.500,01	»	»	7.500	4.ª	12
»	7.500,01	»	»	17.000	3.ª	30
»	17.500,01	»	»	35.000	2.ª	60
»	35.000,01	»	»	70.000	1.ª	120

Cuando la cuantía del efecto (aquí el préstamo) exceda de 70.000 pesetas se fijarán, además, en el mismo los timbres móviles para efectos de comercio correspondientes a la diferencia o exceso, a razón de 1,20 pesetas por cada 750 pesetas o fracción de ellas».

Los derechos de timbre serán el duplo si el vencimiento excede de seis meses (párr. penúltimo art. cit.).

II) PÓLIZAS DE CRÉDITO CON GARANTÍA DE VALORES COTIZABLES

Art. 139 L. del T.:

A estas pólizas se les aplicará el timbre que con sujeción a la escala del art. anterior (Cfr. supra) corresponda a la mitad del crédito que se concede en la póliza. Cuando las sumas de las cantidades recibidas «excedan de la mitad del crédito concedido, se pagará la diferencia entre el impuesto satisfecho y el que corresponda a la cuantía total de dicho crédito», ateniéndose siempre a la escala del art. 138, artículo que es aplicable a las pólizas de crédito (párr. 1.°, art. 139).

III) PÓLIZAS DE PRÉSTAMO CON GARANTÍA DE MERCADERÍAS

El art. 138 L. del T. no las menciona expresamente.

El párrafo 1.° del art. 190 remite a la escala del art. 15 para los documentos «que no están expresamente gravados por la presente Ley».

La escala del art. 15 es la siguiente:

CUANTÍA DEL EFECTO					TIMBRE Clase	TIMBRE PRECIO Pesetas
Hasta	500,00 pesetas				8.ª	1,50
Desde	500,01	»	hasta	1.000	7.ª	3,00
»	1.000,01	»	»	1.500	6.ª	4,50
»	1.500,01	»	»	2.500	5.ª	7,50
»	2.500,01	»	»	5.000	4.ª	15,00
»	5.000,01	»	»	12.500	3.ª	37,50
»	12.500,01	»	»	25.000	2.ª	75,00
»	25.000,01	»	»	50.000	1.ª	150,00

Cuando la cuantía exceda de 50.000 pesetas, v. párrafos siguientes del art. 15.

Según SÁINZ (*Op. cit.*, pág. 331), para estos documentos deberá aplicarse la escala del art. 138 y no la del 15.

III

FORMULARIOS DE CRÉDITO MAS USUALES EN LA PRACTICA BANCARIA ESPAÑOLA

PÓLIZA DE CUENTA DE CRÉDITO CON GARANTÍA PERSONAL

Ptas...............

El Banco............ (denominado el «acreditante»), abre un crédito en cuenta corriente, hasta el límite de pesetas ...., a D .... (denominado el «acreditado»), en las condiciones siguientes:

1.ª Este crédito es mercantil y el acreditado podrá disponer de las cantidades que desee, dentro del límite arriba expresado, y podrá también hacer las entregas que tenga por conveniente, para el haber de su cuenta.

2.ª Los saldos contrarios al acreditado devengarán un interés anual de ...... % a favor del acreditante, tipo que podrá ser elevado mediante simple aviso en la proporción que lo sea el que actualmente rige para el descuento en el Banco de España. Los saldos a favor del acreditado devengarán intereses en provecho del mismo, al tipo de ...... % anual.

3.ª Este crédito devengará una comisión trimestral de ...... ‰ sobre el límite del crédito en el momento de formalizarse y trimestres subsiguientes, y de ...... ‰ sobre el mayor saldo deudor trimestral.

4.ª Serán de cuenta del acreditado los timbres, corretaje e impuestos hoy vigentes, y cuantos más adelante se creen sobre esta clase de operaciones.

5.ª El acreditado podrá en cualquier momento cerrar la cuenta, previo pago del saldo que resulte a su cargo, acumulados los intereses hasta el día del cierre.

6.ª Se establece como término de vencimiento del contrato el de tres meses, contados desde el día de su fecha.

7.ª Ambas partes se someten a los Tribunales de .... para cualquier reclamación que pudiera derivarse del presente contrato.

Por duplicado, en ...., a ... de ......de ......

El acreditante, *El acreditado,*

Los que suscriben ....garantizan al acreditante el cumplimiento de la obligación relativa al presente documento, en la integridad de sus condiciones, respondiendo solidariamente con el deudor y entre sí de su pago: capital, intereses y gastos, haciendo renuncia expresa del beneficio de excusión, tanto con respecto al deudor directo como los fiadores entre sí, pudiendo recurrir el acreditante, eventualmente, contra todos o cualquiera de ellos.

Por duplicado, en ...., a ... de .... de ......

Crédito en cuenta corriente con garantía de valores
(Anverso.)

D. ...., residente en ...., núm ......, se obliga a satisfacer al Banco X las cantidades que este le entregue por cuenta del crédito de pesetas efectivas ...., que queda abierto a su favor, y además los intereses y comisiones que se dirán, en garantía de todo lo cual entrega en el acto en la Caja del Banco los títulos que se detallan en la factura del dorso de la presente póliza importantes pesetas .... nominales, en las condiciones siguientes:

1.° El interés sobre las cantidades de que disponga el acreditado y sobre las que reintegre, será mutuo, y al tipo que rija en el Establecimiento para esta clase de operaciones. El tipo de interés podrá alterarlo el Banco con solo anuncia que fueron expedidos; y el de los abonarés gozará de intereses desde el día siguiente al de la fecha de la entrega.

5.° No será pagado ningún cheque, sea cualquiera la fecha de su expedición, si al presentarlo al cobro estimase el Banco insuficiente la garantía, aun cuando con su importe no sea excedido el límite del crédito concedido.

6.° Si bien por mutua conformidad y conveniencia puedan admitirse billetes, se entienden ambas partes obligadas a verificar los pagos en metálico, precisamente, con exclusión de todo papel creado o que se crease, aun cuando se estableciera su curso forzoso.

7.° Este crédito, a no ser que las partes convinieran en prorrogarlo, quedará cancelado en ...... de .... de 19..., día en el cual, o en el anterior, si ese fuese festivo, deberá ser satisfecho al Banco el saldo que a su favor resulte.

8.° No obstante lo dispuesto en la cláusula anterior, el Banco podrá en cualquier tiempo cerrar la cuenta, y desde el momento en que la cierre, quedará el saldo convertido en una obligación a favor del Banco pagadera al mismo, con los correspondientes intereses, a los sesenta días contados desde el cierre, pudiendo el Banco exigir que esa obligación se consigne en un pagaré suscrito por el deudor y garantizado con los valores afectos a esta operación.

9.° Si todos o algunos de los efectos de la garantía sufriesen una baja del *diez por ciento* del efectivo, el interesado quedará obligado a reponerla en los tres días siguientes al del requerimiento, con otros valores a satisfacción del Banco, o reducirá este el crédito, si la cuantía del nuevo límite es superior al saldo deudor de la cuenta[1*]. En todo caso, el Banco queda plenamente facultado para, si no se repusiere la garantía en la forma y plazos fijados, venderla con intervención de agente o corredor, sin más aviso judicial ni extrajudicial, cerrando este crédito, y si no bastare el producto para satisfacer por el completo el saldo, intereses y gastos, el interesado queda desde ahora obligado a verificarlo con todos los demás bienes, derechos y acciones de su propiedad, habidos y por haber.

10. Si en cualquiera de los casos a que se refieren las cláusulas séptima y octava no se efectuara el pago en la fecha o plazos respectivamente fijados, procederá el Banco a la venta en la forma que expresa el párrafo último de la cláusula novena, exigiendo por la vía ejecutiva el pago del descubierto que después de la venta pudiera quedar, en todo caso, considerándose como cantidad líquida debida al Banco la del total importe del crédito y de los intereses y comisiones correspondientes a ese total desde su apertura, sin que el deudor pueda oponerse a la ejecución por creer que deba menor suma de la que se le reclama, aunque sí demandar en la vía ordinaria el reembolso de lo que haya satisfecho de más. Sin embargo, en el caso de que el Banco hubiera obtenido el pagaré mencionado en la última parte de la cláusula octava, la cantidad líquida que podrá reclamar por la vía ejecutiva será la de su importe e intereses devengados.

11. Queda convenida la sumisión de las partes a la competencia de los Juzgados y Tribunales de esta plaza.

Tanto el Banco X como D. .... aceptan el presente contrato; y en prueba de ello, firman por duplicado esta póliza en ...., de .... de 19...

Banco ....

El acreditado,

---

* Cfr., págs. 68-69 del texto.

(REVERSO.)

Número y clase de efectos depositados y su numeración			Valor nominal Pesetas Cts.				Tipo de cotización	Valor efectivo Pesetas Cts.			

.........de ....de 194...
....
....

Acreditivo documentarlo núm. ....

Muy Sres. nuestros:

Rogamos a ustedes se sirvan ordenar la apertura de un acreditivo <u>revocable/irrevocable</u> en ...., valedero hasta ...., a favor de .... de .... por .... (....)

por orden de ....

por cuenta de ....

utilizable ....

contra entrega de los documentos siguientes:

Conocimiento de embarque
....
Talón de ferrocarril ....
....
....
Certificado de origen ......
....
correspondientes a las mercancías
C. I. F.
siguientes: — — — —

Factura comercial
Póliza de seguro ....
....
....
F. O. B.
....
....
....

Suyos attos. ss. ss., q. e. s. m.,
Banco X

El Crédito en el Derecho de Arwed Koch
se imprimió en la República Argentina en julio de 2019.

www.ingramcontent.com/pod-product-compliance
Lightning Source LLC
LaVergne TN
LVHW082239051026
849532LV00012B/4040